我的回顧

譚秀牧 著

黎漢傑 編

《南洋文藝》書影

《南洋文藝》創刊號目錄

《中國新文學大系・續編》

華僑日報

國民政府內政部會同僑務委員會發給登記證務字第柒號
香港政府明令特許為刊發有關法律性質廣告之有效刊物

荷李活道光安里壹號至式號
華僑日報有限公司印
總司理兼督印人岑維休
營業部荷李活道壹百壹拾號
December 15 1941 No. 529
新聞紙第伍式玖[illegible]號

香港當局決定堅守直至我國精兵到達

強調聲明香港保衞力量強大糧食充足

(特訊)昨晚香港華人四代表羅旭龢爵士．羅文錦律師．李子芳先生．譚雅士律師．聯名播講關於香港時局消息．大意略謂．「現達代表香港政府希知全港居民．現目香港軍事計劃．乃是堅守香港．直至蔣委員長精兵到達．港府又強調聲明．香港保衞力量．極為堅強．糧食非常充足．又已有種種方法．維持治安．至於陳策先生」謂中國政府．亦認為保衞香港．對於中國極為重要．因香港乃中國門戶．保衞香港．即是保衞中國門戶．倘此路一通．日軍可由此門戶進攻中國．我等香港華人代表．勸勉各位華僑．以愛國之大無畏精神．嚴守秩序．勿聽謠言．各盡其力．協助政府」云．(建)

抗日戰爭時期《華僑日報》版頭

WAH KIU YAT PO 華僑日報

華僑日報

本年度全澳首創

獨立高層複式豪華住宅

豪景花園

公開發售

有私家泳池、停車場，並首創每單位有獨立桑拿浴室

首期一成，貸款額高達七成，另特價優待，

付款辦法詳列售樓說明書內。

全部售罄

豪景花園特點介紹：

※全澳首創每單位有桑拿浴室

(SAUNA BATH)

※廚房設備齊全，用料講究

※設有入牆衣櫃

洽購處：

萬豐財務(香港)有限公司

電話：5-433181 5-445027-29

戰後的《華僑日報》

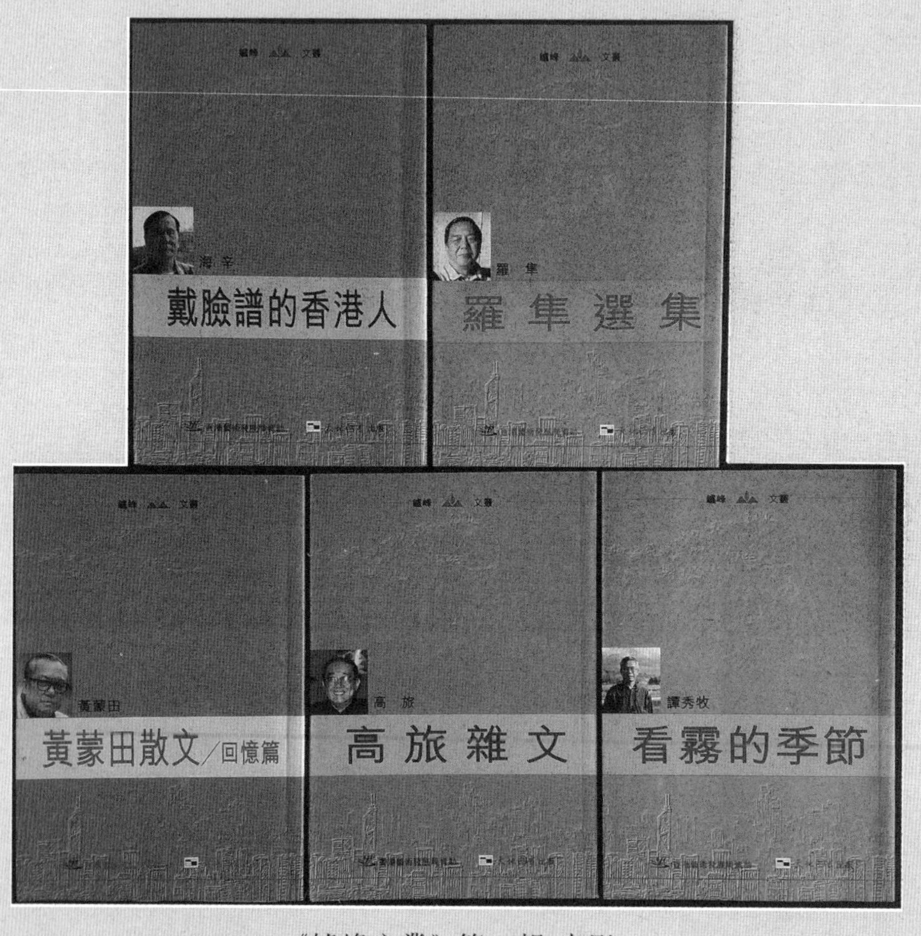
鑪峰文叢
海辛
戴臉譜的香港人
鑪峰文叢
羅孚
羅孚選集
鑪峰文叢
黃蒙田
黃蒙田散文／回憶篇
鑪峰文叢
高旅
高旅雜文
鑪峰文叢
譚秀牧
看霧的季節

《鑪峰文叢》第一輯 書影

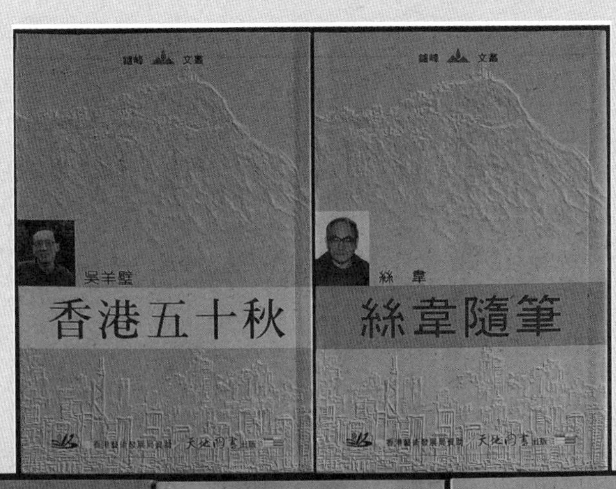
鑪峰 文叢
吳羊璧
香港五十秋
鑪峰 文叢
絲韋
絲韋隨筆

鑪峰 文叢
舒巷城
夜闌瑣記
鑪峰 文叢
張君默
聚散依依
鑪峰 文叢
楊柳風
覆瓿小集

《鑪峰文叢》第二輯書影

照片左起李陽、潘耀明、舒巷城、羅琅、王鷹、吳炎連

本書作者設計的鑪峰會徽

鑪峰雅集理事會

榮譽會長：藍真

名譽會長：車越喬

顧　　問：羅孚　陳復禮　慕容羽軍　莫光

　　　　　蕭滋　陳松齡　張初　吳羊璧　林蔭

會　　長：羅琅

副 會 長：海辛　譚秀牧　許定銘

秘　　書：鄧仲文

理　　事：張君默　王方　郭魂　陳少華　潘淑珍

鑪峰雅集理事會

鑪峰文藝
雙月刊 創刊號 2000年3月
本期要目
● 南海十三郎多面體
● 訪鄭家鎮談香港漫畫今昔
● 歷史之旅與文學之旅
● 文學劇本《豪門夜宴》
● 俠盜銀行提款記(小說)
● 欣欣異地情(散文)
香港藝術發展局資助
鑪峰雅集 主編

《鑪峰文藝》創刊號封面

《鑪峰文藝》第五期封面

第一本《鑪峰文集》

鑪峰四十九週年聯歡

鑪峰雅集五十週年藝文展，九龍商務印書館展覽廳

曾出席雅集之部份文友：（排名不分先後）

唐　龍　陳志誠　李谷成　陳浩泉　白樂成　蔡國喜
歐陽芃　韓　牧　黃　端　梁仲豪　李　陽　璧　華
東　瑞　張君默　盧　敦　馮靈霄　薛　后　周落霞
甘豐穗　李祖澤　舒巷城　伍國才　潘耀明　莊　布
林志豪　高　旅　何　達　李栩生　曾慧燕　李　怡
何　紫　黃孟甫　楊祖坤　區惠本　任勉之　朱　克
黃麥銓　顧　鴻　夏　婕　韓中旋　顏純鉤　陳鴻舉
陶　然　張志和　鄭家鎮　陳志安　陳不諱　王永楓
藍　真　馮廣烈　魏月媚　施世築　馮正良　漢　聞
天　涯　劉　晟　林　真　舒　非　孫　華　林振名
曾勵予　蕭　滋　譚仲夏　陳文統　吳佛祥　麥　正
卓琳清　劉世仁　周密密　劉樹華　黃俊東　蘇辛群
陳　迹　陳松齡　蕭　銅　楊治明　尹沛玲　梁荔玲
司徒慶　傅小華　王海鈞　陳復禮　林　蔭　西茜凰
陳　朗　盧國沾　劉濟昆　紅　葉　沈西城　林　湄
郭全本　馮雅麗　張青松　于　粦　梅創基　郭　魂
莫　光　羅　孚　馬　覺　翁靈文　曾敏之　宇無名
梁天偉　劉以鬯　許禮平　楊興安　何　睦　黎樹棠
春　華　李碩祥　張　茅　源漢華　王子天　阿　濃
張欽燦　林翠芬　夏　馬　陳月明　古　勵　張詠梅
黃秀顏　劉麗北　阮　珍　陳　琪　黎活仁　黃奇智
慕容羽軍……等。

許定銘編《鑪峰雅集五十年》所列
曾出席鑪峰雅集之部分文友名單

五十崢嶸歲月稠鑪峰遙對海悠
悠學賢曾秉良知筆風雨同懷家
國憂笑泯恩仇容兩制更看珠島
譽全球耆杯長酹天難老文秉江
山入史籌

題賀鑪峰雅集五十周年

己丑初春 曾敏之並書

《賀鑪峰雅集五十週年》曾敏之書

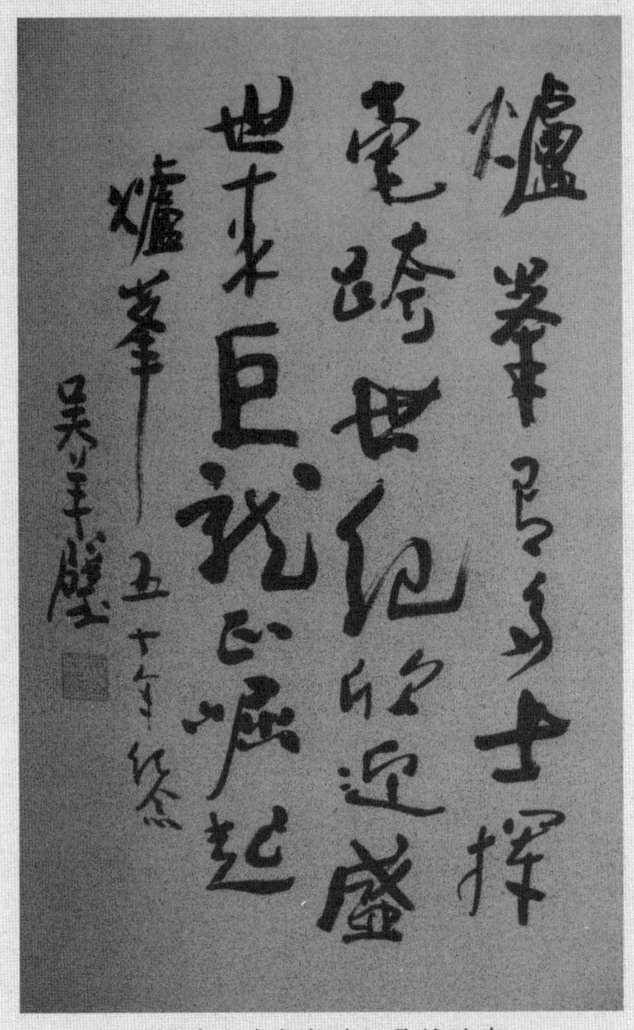

《鑪峰五十年紀念》吳羊璧書

出席嶺南大學工作坊（左起：譚秀牧、羅琅、甘豐穗）

《鑪峰雅集同寅雅屬》俞何書

自序

人生到了這地步，停下來，回望走过的道路，從"飄泊的少年時"開始，都是曲折的、崎嶇的，鋪滿痛苦的碎片。但我從不氣餒，更無絕望之感。

總是被一个希望支撐着，使我能一步一步的走过来。

那些歲月中，可以長期在灯下揮筆，能量正是來自那段顛沛流离的经历；那些艰辛、痛苦日子的代价，其高無比，难以用說得出的數目字可買到。

這些，也正好是讓我能在傳媒界，獲得另一次人生歷練的資本。

傳媒工作者，何止千百，雖然各人工作不同，但可謂大同小異；能像我所体會、经历到的或得或失，恐怕是万中無一。

《我的回顧》是个人的文化歷程，包括出版和报刊多方面的工作经历。

譚秀牧 2024.12月5日 於康蘭居

TORONTOREGENCY.HYATT.COM

作者為本書寫的自序手稿

後記

《我的回忆》在Facebook我的网页上刊登，当时随写随发，没有完整的写作计划。因此也没有预留底稿。

非常感谢知文出版社蔡汉杰社长，他从网页上编辑、整理零碎的篇章成实体书，并安排一切出版事宜。

另外，感谢香港艺术发展局，资助本書的全部出版经费。

譚秀牧

2024.12.5. 於康蘭居

TORONTOREGENCY.HYATT.COM

作者為本書寫的後記手稿

自序

人生到了這地步，停下來，回望走過的道路，從「漂泊少年時」開始，都是曲折的、崎嶇的，鋪滿痛苦的碎片。但我從不氣餒，更無絕望之感。總是被一個希望支撐着，使我能一步一步的走過來。

那些歲月中，可以長期在燈下揮筆，能量正是來自那許多顛沛流離的經歷；那些艱辛、痛苦日子的代價，其高無比，難以用說得出的數目字可買到。

這些，也正好是讓我能在傳媒界，獲得另一次人生歷練的資本。

傳媒工作者，何止千百，雖然各人工作不同，但可說大同小異；能像我所體會、經歷到的或得或失，恐怕是萬中無一。

《我的回顧》是個人的文化歷程，包括出版和報刊多方面的工作經歷。

譚秀牧

二〇二四年十二月五日於康蘭居

目錄

輯一

飄泊少年時

001 飄泊少年時

Facebook 問我：「你讀哪所大專院校？」

有句俗語：英雄莫問出處。

我想：英雄們的出處必然很引人入勝。其中的情節或許不欲讓人知悉。我，非英雄，經歷平淡無奇；所以不介意回答 Facebook 的問題；不介意談我的「出處」。

我的回答很簡單：沒有！

我沒有讀過大學，連中學也沒有上過。

家貧，我只讀過小學。那大概是一九四〇至一九四六年間（我出生於一九三三），中日戰爭進行中，逃難的日子多過上學。和平後第二年（一九四七），我離開家鄉到香港謀生。

少年時期過的是當學徒、或雜工、或半流浪式的生活，比較長的是當了兩年多的修理鐘錶學徒。

就是在這段時間內，我一邊工作一邊自學。工作時間相當長，每天從早上八時至晚上十一時。我於收工後才開始看書，至凌晨一、二時。

那時我工作的鐘錶店在九龍旺角彌敦道（現今的匯豐銀行大廈）附近。距離不遠處有間學生書店（現址似乎是旺角警署），午間我常到那裏去看書（打書釘）；當時，學生書店有位店員，對於我幾乎每天依時出現和離去，似乎也有些奇怪。

哪想到，數年後的一九五三年左右，就是他找到我，把我引進第一份文化工作！

此後數十年，我都是在文化界生活，都是憑藉着這般傳奇式的機遇。

在鐘錶店做了兩年多學徒，雖然可以修理一些機械手錶，但是我的興趣不大，於是辭了工，半流浪地過日子。

後來，我在理髮店當雜工，並非想成為理髮師傅；我工作，是為了生活。

每次轉換工作，總是接觸到許多不同的人事和環境，常聽到同事埋怨自己的工作，彷彿不得已才做下去。如有句俗語說：「做這一行，厭這一行。」但我卻沒有這感覺；我閱讀了一些中、外作家的作品後，啟發了對寫作濃厚的興趣。我開始投稿到報刊，算是很幸運；從第一篇稿起，此後幾十年寫作、投稿生涯，從未被退稿，可以說「百發百中」。作品散見於香港的報章如《文匯報》、《新晚報》、《大公報》、《星島日報》、《星島晚報》、《明報》、《快報》、《華僑日報》、《成報》……等。

正因為對寫作的興趣，和對前輩作家的文學生活的理解，從那時起，我深信將來可以靠筆桿為生。所以解決當前的生活，是為實現明日的理想。因而對任何工作和環境都沒有抱怨，因為除解決了生活，還有更多的得着。在每次逆境中，對人對事都有新的接觸和理解，這對我都是極為寶貴的報酬，成為日後寫作素材的來源，它們不是薪金、錢財所能衡量的。

一九五三年間，當時《文匯報》的彩色版，比較多刊登青年作者的作品。編輯是溫先生，他熱心於扶助後進。間中他約見作者茶敘；當時在版面上常見的作者如海辛、黃若谷、鄧仲燊、韓中旋……等，成了老朋友。並且每週舉行聚會。後來，海辛、羅琅和我，發起組織「鑪鋒雅集」，定期每週茶敘一次。數十年來，風雨無間。

有一次，一位朋友帶來一位新朋友：他就是當年我常去那家學生書店所見的店員——顧鴻。

我自從投稿以來，積存的作品可編輯成一本短篇小說集。同時，我又寫了一本二十萬字的長篇小說。

短篇小說集，我拿去萬千出版社。當時接見我的是，後來才知道他是研究巴金的專家：余思牧。他當時接過我的稿本，說：「如何決定，將通知你。」

後來，他們給我來信說：不適合出版。我前往拿回稿件時，所見的不是余思牧，而是後來才知悉他是作家的甘豐穗。

我把長篇小說拿去學文出版社，當時接見我的是翟暖暉。他看過後，認為寫得不錯，但因為我是寫家鄉的農民抗旱的故事，題材不適合海外市場。

上述作品雖然未被接納出版，而約見我的負責人，也只是僅見那麼一面，但是，卻為我未來的命運提供了重大的機遇。

輯二

初入文化境

——《自學月刊》·世界出版社·《南洋文藝》

初入文化境

上述事件一年後（約一九五三），學文書店邀我到他們的編輯部工作，條件相當好，我答應了，並擬於一個月後上班。但過了兩個星期後，顧鴻約見我，邀我到《自學月刊》工作；這是他與溫先生合辦的出版社。我告訴他，我已答應了到學文書店，而且兩星期後到職。

「不要緊，」顧鴻滿有把握的說：「我與翟曖暉是老朋友，只要你對雜誌工作有興趣，我可以替你向他推辭。」

因為經常投稿，溫先生常給予指導，所以我參與了《自學月刊》工作。

《自學月刊》出版後，非常受歡迎，銷量每期倍數地上升，甚至要再版應付讀者的需求。但是出版了幾期之後，忽然宣告停刊，什麼原因？至今仍是一個謎。

雖然在《自學月刊》工作了半年左右，但是溫先生的處事方式，對於我未來從事文化工作，得到很多啟發。

003 再入文化境

離開自學出版社，我再回到理髮店找生活。在當年，這是不愁會失業的行業。

至一九五六年間，有一天在街上遇見一位舊同事：冼榮。他告訴我：「有位甘先生找你，是幾個月前的事了；他寫了張字條給劉維根，叫他如果知道你在哪裏工作，交給你。劉維根似乎聽我提過你，所以把字條給我，希望我可以轉交給你。」

原來，甘豐穗離開了萬千出版社後，在世界出版社任總編輯，他馬上想起我，到處打聽我的行止，時常轉換理髮店去理髮，每次總是問理髮師傅：「你們這一行有位姓譚的，他常常投稿到報紙，你認識他嗎？」

終於有次問及冼榮的舊同事——劉維根。他告訴甘先生：他也聽聞有這個人，但不肯定在哪裏，可以替他打聽；於是甘豐穗立即寫了那便條給他，希望很快和我聯絡上。

甘豐穗從他開始訪尋我那天開始，及至冼榮把便條交到我手上，經歷了大半年時間了。

我打電話給他，他告訴我，他就是當年把小說稿交還給我那位姓甘的，「記得嗎？」

接着他告訴我他當前的工作，並邀我去做編輯。而且越快上班越好。

這樣，我便再入文化境，結束了飄泊無定的散工生涯，成了往後數十年以筆為生的文化工作者。

004 老闆的理想

香港世界出版社的總機構是星加坡星洲世界書局，其分店香港世界出版社，位於香港干諾道中。當年它只是個門市部，兼代國內外出版機構出版的刊物，發行出品銷往南洋各國；因為星洲世界書局在南洋各國如馬來西亞、印尼、泰國、越南……等大城市都有分公司，構成龐大的發行網，自己只是出版零散的書刊。

甘豐穗進世界出版社後，積極發展出版業務，建立編輯部，他第一位就想到我，到處打聽我的下落。整個出版部就這樣由我們兩人開始，後來逐漸增加至十多人。開始有計劃地出版各類叢書、如文學選集、青年自學修養叢書、中外文學名著節寫本……等。

由於業務迅速擴展，老闆周星衢也間中從星加坡來港視察業務。有時他也單獨約我見面閒談。很多時候都是談國內的文學活動；尤其是五四後的新文學運動，顯然他很關注中國的新文學運動。

他來港的次數增加，我們閒談的機會也多了，話題漸漸從國內文壇的活動，旁及南洋的文化情況。他並提及國內當年的《小說月報》對中國文藝事業所起的作用和貢獻；以五四運動後國內某些情況，比之南洋的環境，深感南洋十分需要一份如《小說月報》的刊物。

他提議讓我負責籌辦。

當時香港也有一些雜誌出版，但都是十六開本，薄薄的三十二頁，而且內容很雜。

周星衢的意見是，要出版得厚些，份量重些，每期字數在二十萬左右，內容和風格要跟其他雜誌完全不同。他希望有較高的水準。

從實際環境看，我認為比較困難。我說：太嚴肅，會影響銷路，要虧本。但周星衢表示，能拉平成本固然好；不然，略有虧蝕也無妨。於是，我開始籌辦大型純文學雜誌《南洋文藝》月刊出版。

星港合作篇

我們成立編輯組處理稿件。在星洲，由星加坡世界書局編輯部的林晨和郭史翼負責南洋的集稿和聯絡當地的作家，香港方面，由我執行所有編輯事務。彼此交換閱讀稿件後，由我決定取捨和負責編輯，出版。

這樣，《南洋文藝》創刊號在一九六一年一月出版；十六開本，每期一百頁，二十萬字，定價港幣二元。以當時在海外出版的文藝刊物，可算大型了。

根據周星衢的理想和願望，《南洋文藝》出版的主要目的是面向南洋，反映南洋人民生活和社會現實情況，與當地的文藝工作者同心合力建設南洋的文化傳統。

兩面不討好

我當時負責《南洋文藝》的編務，實際上只是兼職性質；因為上半天我辦理世界出版社的編務，下午才從事《南洋文藝》的工作。除了組織稿件，我們十分重視與作家和讀者的聯繫；給讀者覆信，為不選用的作品向作家解釋或提意見。這些事務十分繁瑣，但這是我們出版刊物的目標和任務，我也樂意而為。

最初出版的幾期，尚未見問題，漸漸就出現稿源不足的現象。南洋當地的作家來稿不多，而且水準也頗見距離；一些特約稿水準也只差強人意，讀者投稿就更少見佳作。

在此情況下，只可增加香港作家的作品；先保持內容的份量，希望逐漸引進南洋本土的作家。

這樣，內容就與《南洋文藝》的名稱有些脱節。

由於內容與刊物的名稱不大相符，遂有兩方面不討好之感；在香港，讀者以為它純是南洋的刊物；在南洋覺得它不像南洋的刊物。對銷路有一定的影響。

出版了一年（十二期）之後，檢討財務狀況，每期印行兩千本，基本上售出，略為虧蝕（因為每本定價兩元，實際上是低於成本），但與周星衢當日的預算相差不遠。

因此決定繼續出版一年。

寫下終刊詞

第二年，在人力、稿源的供應仍欠理想，只好減縮篇幅，但仍保持每期六十頁，仍是當時所有出版的雜誌中最具份量的。

出版至第二十四期，與我們預期的理想頗遠，而我也準備離開世界出版社。在無人接手的情況下，終於《南洋文藝》經過了兩年後（總第二十四期），出版了《終刊號》，便告停刊。

從起草《創刊詞》至寫下《終刊詞》，兩年面向南洋的文藝工作，使我有機會接觸南洋的文化，對南洋的作家略有認識；後來我寫下〈我與《南洋文藝》月刊〉一文（發表於一九八六年一月號《香港文學》），有如下一段感想：

南洋其實有許多優秀的作家，他們的本土思想比較濃厚，比較偏激；他們自拒於《南洋文藝》門外，不參與《南洋文藝》致力建設南洋文化藝術的行列；或許是對溫和的刊物，存有思想上的偏見。

間接也體會到一點：南洋社會也是處於戰後初期，政經正在致力復興，而文化藝術也處於重新再起步的背景下。文藝工作者對事物的觀察比較敏感，對非本土出版的物，外來的文化思潮，抱持懷疑，甚至抗拒的態度，不難理解。

當時具有相當水準的文藝工作者其實也不少，只是礙於思想上的隔膜，欠缺溝通、諒解，未能同心協力為建設南洋的文化事業作出貢獻，實令人婉惜，遺憾！

《南洋文藝》停刊後，我清理了作家的來稿和讀者的來信，整理《南洋文藝叢書》的出版，就離開了我工作多年的香港世界出版社。

不久，甘豐穗也離去，進《華僑晚報》任副刊編輯。

008 興趣與職業

二〇一五年，加拿大Fairchild TV電視台訪問我，在一個四十五分鐘的訪談結束前，節目主持許依玲問我：「作為一個喜愛藝術的聽眾，你有什麼好忠告？」（大意）

「勿將興趣職業化。」我說。

當我開始對寫作發生興趣時，深信可憑枝筆過活；後來的生活歷程，雖然證實並非天真之想，不過也不是將寫作職業化；一直都是業餘寫作。因為編輯工作，雖然整日筆不離手，但有別於寫作逐字逐句的直接陳述人生感受。

在多年的編輯工作中，接觸過的作家、畫家或音樂家不少，當中有業餘也有專業；但現實是，我所知道的大部分專業作家的生活並非很好過，只有極少數的例外。其他藝術工作者如何將興趣職業化而兩者互不影響？我沒有深入的研究；但對作家與畫家而言，有較多的了解。如舒巷城，他在寫作方面的成就，是文藝界肯定的；他的小說，散文和詩歌，甚獲好評。我知道他不是為生活而寫作，他一直都是業餘寫作，所以才能真正的在寫作過程中享受到寫作的興趣，寫出完美的作品。

另外的例子是畫家李秀，香港嶺海藝專的創校校長梁蔭本在介紹我認識他之前，已略聞其名，也欣賞過他的作品。很明顯，他頗受塞尚、雷諾亞和莫迪里安尼等畫家影響。但在他粗獷的筆觸下，可鮮明地感受到他對自然風物的熱愛，坦率的表達，並未因為追求新的形式，建立自我風格而扭曲事物的本質或故弄玄虛。當時直覺地感到他不是以畫這類作品為謀生工具，因為這種形式的作品只有很少觀眾能欣賞，後來知道他果然是以教畫為職業。若然像其他職業畫家那樣，為迎合顧客的興趣而畫畫，他就不可能把藝術的愛好，超然於生活之上。

所以離開世界出版社後，我考慮的出路，就是開畫室教畫，避免煮字療饑，可維持寫作和畫畫的興趣。

我和甘豐穗相繼離開，其編輯部處於真空狀態。但間中還是有些書刊要處理；因為國內推行簡體字，書刊排版由直排改橫排，有些出版機構已排好的書刊，不再適宜在國內印行，只好將部分轉讓予香港一些出版社。世界出版社間中有此類書刊，但並非可以直接排印出版，必須經過審慎處理。因為有些書刊內容政治色彩濃厚，為南洋各國所禁。所以出版社有時會特約我處理此類書刊。

但我仍在計劃開畫室教畫。

有一天，經理陳衛中忽然約見我。

我往見他，他捧出疊巒凌亂的書稿給我看，說：

「老譚，你看看，這套書如何處理？」

附錄：我與《南洋文藝》月刊

譚秀牧

很偶然的機會下，與幾位文藝界朋友閒話當年，無意間提及《南洋文藝》；除了其中一位當時因為寫過一兩篇作品給該刊，而有些印象之外，其餘幾位甚至未有見過該刊。

如果那位朋友不提出我當時是該刊的編輯，就無人知道我與《南洋文藝》有關係。這情況一直存在了二十多年，直至最近，香港的文藝界較為注重探討海外文學的發展，自然地就對當時存在過的有關刊物加以留意；有個朋友在報上提及《南洋文藝》，順便也談及我與該雜誌的關係。在此情形下，我才想到寫這篇短文，就記憶所及，希望能為研究海外文學者，提供一點參考資料。

談及《南洋文藝》的出版過程，對當時的一點歷史背景，有必要作一些記述。

我於一九五六年間，在世界出版社（香港）從事編輯工作。那時是中國大陸解放後未及十年。香港的出版事業相當蓬勃，除了出版流行小說及消閒書刊之外，有一項主要業務，就是把一些大陸出版的刊物，加以整理、改編出版，然後才運銷南洋一帶。

當時，南洋各國因政治制度問題，對所有輸入的中文書刊，都嚴格審查，如認為內容有不為當地歡迎的思想問題，固然嚴禁入口、禁銷售，甚至禁收藏。就算是內容完全無政治意味的書籍或雜誌，也有被禁入口的可能。當時中國大陸出版的書刊，就很難有機會在星馬一帶銷售。

因此，當時新馬一帶，對中文刊物，需求甚殷。香港好幾家出版社的主要業務，就是從事改編書刊，使之能適應星馬的入口和銷售；對南洋各國的華文讀者，有相當大的貢獻和影響。

促進南洋的文化發展

那時，香港百萬人口，出版的書刊，一般都是印行兩三千本；百分之八十都是運銷南洋，餘下的百分之二十，兩三年也賣不完，毫不出奇。可見當時南洋對中文書刊之渴求情況。

世界出版社的總公司在星洲。在馬來西亞、印尼、砂拉越等各大城市都有直屬公司，發行網之強大，可算數一數二。香港和台灣出版的許多刊物，都是經該公司發售出去。

記得當年我初進世界出版社時，只有甘豐穗先生在主理編輯事務；他邀請我進出版社跟他一起工作，整個編輯部才合共兩個人。其中他邀我參與編輯工作，頗富傳奇；我跟甘先生並不相識，當時我工餘常在多間報刊投稿，大概是他讀過拙作，認為適合跟他一起工作，便向朋友們打聽有誰認識我。經過大半年，他終於無意地打聽到我的工作行業，並且取得聯絡。就這樣，我就跟他一起工作多年；乃至後來我們離開了出版界，又在報館一起工作。

後來，兩三年間，編輯部迅速擴展至十多人，由此可想見業務的發展。

該公司老板周星衢先生，一向在星洲主持業務，間中也到香港來。每次到來，都約我見面，常跟我談及星馬的文化情況；他說當地華人的求知慾甚強，市場上的書刊類別和數量遠不及讀者需求，他們拿到任何中文讀物，都珍而重之。可惜軟性刊物比例甚大，對南洋的文化發展說不上有什麼積極意義。

另一方面，南洋又因為條件問題，缺乏本身的出版事業，當地的文化人作品出路不多。他提及以前上海出版的《小說月報》之類的新文學刊物，對中國文藝事業所起的作用和貢獻；以從前國內某些情況，比之南洋的環境，深感南洋十分需要有一份如《小說月報》的刊物，他提議讓我負責籌辦。

周星衢先生的理想

我以為他只是隨便說說而已。豈料他返回星洲後，再來香港，又跟我重提；原來他已有了腹稿。回星洲去後，周星衢先生跟那邊一位同事也提出這個意思。他再來香港，我們一談，事即成。

問題是：要出版什麼類型的刊物？

當時香港也有一些雜誌出版，通常都是十六開本，每期三十二頁，薄薄的一本。周星衢先生的意見是，要出版得厚一些，份量重一些；每期字數可在二十萬字之間。內容、風格要跟其他的不同，他希望能有較高的格調和水準。這是周星衢先生的理想。

從實際環境看，我認為較困難。我說：太嚴肅，會影響銷路，要虧本。但周先生表示，如果能拉平成本固然好；不然，每期虧蝕一些也無妨。

總之，周星衢先生希望能為南洋的文化事業，作一些貢獻！

制作《南洋文藝》創刊號

在這前提下無須顧及經濟問題，我着手籌辦。

我長期生活在香港，對南洋的實際情況，我不了解。我們成立編輯組處理稿件事宜；在星洲，由新加坡世界書局編輯部的林晨先生、郭史翼先生負責南洋的集稿和聯絡當地的作家。香港方面，由我執行一切編輯事務；邀請詩人何達先生為顧問（創刊詞及稿約，雖然由我負責起草，何達先生參與意見）。林晨先生把每期的稿件寄到香港，我把在香港收集的稿件寄給他，彼此交換閱讀和提供意見，最後由我負責編輯、出版等事務。

就這樣，《南洋文藝》創刊號在一九六一年一月出版；十六開本，每期一百頁，二十萬字左右，每期定價港幣二元。以當時在海外所出版的文藝刊物而言，這可算最大型了。

根據周星衢先生的理想和願望，《南洋文藝》出版的主要目的，是面向南洋，以反映南洋人民生活，培養南洋當地的文藝工作者，大家同心協力建設南洋優美的文化傳統為主要目標。

在我當時的條件而言，負責《南洋文藝》的一切編務，實際上只是兼職性質。因為上半天我得辦理出版社的編務，下午才從事《南洋文藝》的工作；除了組織稿件，我們十分重視與作者聯繫，給讀者覆信，為不能選用的稿件提供意見。這些工作十分瑣屑、吃力，但這是達致實現我們創刊目標的任務，我樂意而為。那時，我每期只是支取象徵式的薪酬——每期編輯八十港元。

雖說《南洋文藝》的實際編輯事務由我執行，但我經驗淺薄，朋友們的幫忙，才是最主要的動力；其中如何達先生，常提供寶貴意見。他當時以筆名「蕭鳴」主持評論，這一欄成為《南洋文藝》的特色，而稿費每千字港幣七元（他當時為多間報刊寫稿，每千字一般從十五至二十元）。

保持南洋色彩

最初出版幾期，尚未見問題。漸漸地，出現稿源不足的現象。南洋本地的作家來稿不多，而且水準也頗見距離；一些特約稿也只差強人意，投稿就更難見佳作了。在此情況下，只可增加香港作家的作品；先保持內容分量，希望逐漸引進南洋的作家。這麼樣，內容與《南洋文藝》就有些脫節。

既然反映南洋的社會風貌、南洋人民生活的創作稿源不足，我們仍冀望與創刊目標不致有太大的距離。因此就轉向翻譯作品着想；如果能刊登一些描寫東南亞人民生活的譯作，為南洋的華文作家提供借鑒、觀摩機會，也有一定意義。

後來，我們曾找到一些印尼、泰國、菲律賓的翻譯作品轉載（我們曾去信有關出版機構，希望聯絡譯者和作家，但無回覆）。雖然在語言上因轉譯而隔了一層，但在題材本質上總算保持一定的南洋色彩。

不過，通過這些翻譯作品，接觸到東南亞作家筆下的現實世界，使我認識一點：不論泰國或印度尼西亞，他們的作家非常關心本民族的命運，因此作品反映的社會問題，大都是很尖銳的、深刻的；在選擇轉載時，要非常小心。

《南洋文藝》停刊

由於內容與刊物的名稱不大相符，有兩方面不討好之感。在香港，因為它是「南洋文藝」，香港除了自身出版社門市售賣之外，其他書店沒有代售。在南洋，因為它不純是「南洋文藝」，銷售也不廣。出版了一年（十二期）之後，檢討財政狀況；每期印行兩千本，基本上售出，略有虧蝕，但與周星衢先生當日的預算相差不遠。因此決定繼續出版一年，效果如何，再作決定。

在第二年人力、稿件的供應仍欠理想，只好減縮篇幅，但仍保持每期六十頁，仍是當時所出版的雜誌中最具份量的。出版至第二十四期，與我們預期的理想相距頗遠，而我因離開出版社，在無人接手的情況下，《南洋文藝》於出版兩年（總第二十四期）後，出版了「終刊號」，便告停刊。在編《南洋文藝》期間，我接觸到幾份在南洋當地出版的純文藝刊物。它們早於《南洋文藝》出版，有些是月刊，有些是雙月刊；它們都是小型開本，每期保持三十頁篇幅。記得其中一份名《蕉風》，另一份《蜜蜂》，其他的已記不起來了。

印象中，《蕉風》的格調近似香港出版的刊物，但它的紙張和印刷都比較粗糙。其他的，內容都各有濃厚的政治色彩。它們的作家群思想比較偏激；他們自拒於《南洋文藝》門外，不參與《南洋文藝》致力建設南洋文化藝術的行列；或許是對溫和的刊物，存有思想上的偏見。間接也體會到一點：南洋社會也是處於戰後初期，政經正在致力復興，而文化藝術也處於重新再起步的背景下，文藝工作者對事物的觀察比較敏感，對非本土出版的刊物、外來的文化思潮，抱持懷疑、抗拒的態度，不難理解。當時具相當水準的文藝工作者其實也不少，只是礙於思想上的隔膜，欠缺溝通、諒解，未能同心協力為建設南洋的文化事業一起作出貢獻，實在令人惋惜、遺憾。

原刊於《大眾資訊》二〇一〇年九至十月號，總第六十九期

輯三 「續編」如何續

——《中國新文學大系·續編》

009 續編的疑惑

我初步檢查那疊書稿；原來是《中國新文學大系．續編》，作品的次序不完整，書頁的順序也比較凌亂。顯然書稿曾經至少三四人處理過，卻都知難而退，經理陳衛中才不得已找我跟手尾。

點算結果是：小說一、二、三集，散文一、二、三集，詩一集，戲劇一集，合共八集。

「還有其他的沒有？」我問。

「沒有，」經理說。

「應該還有兩冊。」我說。

「就是這些了。」他說。

「是否有稿件遺失？」

「收到的，都在這裏了。」他肯定地說。

「應該還有兩三集。」我說。「這應該是包括十冊的一套書。你試問問編輯。」

「編輯者在國內，」他想一下，終於這麼說。「其他的，遲些寄來。」

「你的意思，想我怎麼做？」

「你看，怎樣出版？」

「你想就這麼印行這幾本，我可以將它重整次序；如果要出版完整的全套書，則必須找回另外兩本。」我說，「讓我拿回家詳細看看，才決定怎麼辦。」

原主編很認真，絕不馬虎，因此不可能不知道，整套書應該不能缺少最重要的兩集是什麼，才能代表中國新文學運動第二個十年的成果。他交付這套書時必定是完整的十集；香港文學研究社在接收這套書時，為何對缺少的兩集不提出疑問就接收？

誰人是主編

根據《中國新文學大系》（簡稱「正編」）定下的框架如下：

一，建設理論集；二，文學論爭集；三，小說（一）；四，小說（二）；五，小說（三）；六，散文（一）；七，散文（二）；八，詩歌；九，戲劇；十，史料索引。「續編」的體系需與「正編」相仿。但「續編」未能與「正編」作圓滿的連結；因為所欠缺的是兩集史料，而「正編」則是三集。

我和香港文學研究社作簡單的協議，以半天兼職負責處理《中國新文學大系・續編》的出版。我接收到的八集書稿，有一些已排了版並打了紙型，部分尚未校對。我翻閱原稿，發覺曾有刪改，或添加「的」、「了」、「麼」、「嗎」等虛字。其實，整理「續編」，有如整理文獻史料，有別於一般編輯工作。如發覺原稿有問題，只可以「附註」的方式提出個人意見，勿在原稿上作改動。但先前企圖整理原稿的人，卻做了不該做的動作。

我一邊處理手上的書稿，一邊等待主編把欠缺的兩集寄來。等着，等着，八集書稿都排好了版，但所缺的兩集仍無音訊。

問題是：主編是誰？他在何方？如何與他聯繫？當初誰人負責接洽和取得這套書的出版權？經理陳衛中也答不出來。

011 「續編」如何續

我接手處理該批書稿後，一邊續排，一邊等着欠缺的兩集。等着，等着，手上的稿件已排好版，續稿仍毫無消息。出版社又無法與集稿者聯絡。缺了兩集史料，整套書的價值就大打折扣，無可能成為《中國新文學大系》。已排好版並且已打好了紙型的八集，每冊都超過五十萬字。在當年的出版界來說，規模和投資，可說獨一無二。

和出版社討論如何處理，出版或擱置下來，將來再說？

最後，出版社建議由我負責編輯所缺的兩集。

其中《文學論爭集》是最重要的一項工作。在合理的情況下，應該由幾位文學史家共同工作。但在海外的客觀條件以及出版社的承擔能力而言，實在不可能辦到。

為使「續編」能與「正編」在系統上連貫，湊足十冊，我除了負責編輯《文學論爭集》之外，尚欠一冊；但要編輯《建設理論》或《史料索引》，事實上絕無可能搜集資料。我只能把原編好的《戲劇》分拆，重新組織，補充資料，分別編成《戲劇》和《電影》兩冊；如此，《中國新文學大系．續編》才算完整的成套。

按照「正編」的架構，每集在組織資料編輯成集之外，編者須寫長篇的序言，這是功夫所在。前幾位沾手而放棄接續編輯的人，大概自知無法寫五、六萬字的序言而不為。

《論爭》爭什麼

中國新文學運動第二個十年（一九二八至一九三八），文藝思想的鬥爭非常複雜。

第二個十年初期，有關「革命文學」的論爭，創造社最先提出這一口號。他們和太陽社聯合，把魯迅和茅盾當成他們的敵人加以攻擊，雙方展開了論戰。

後來，新月派出現，促成了敵對雙方停戰，聯合一致向新月派論戰；二，一九三〇年左翼作家聯盟成立，引致一群民族主義作家的對立，雙方於是發生一場論戰；

三，一九三一年四月間，由曹聚仁等提出文藝大眾化問題，引起廣泛的關注和討論，導致「大眾語文運動」的熱烈論爭；

四，一九三二年間的「文藝自由」問題，是當年文壇上的重大事件，後來發展成為「自由人」、「第三種人」以及左聯方面的論戰；

五，一九三五年，全國上下一心抗日，文學界也組成統一戰線，其間又引起「國防文學」和「民族革命戰爭的大眾文學」兩個口號的論爭。

這麼複雜的文學事件，理應讓有關專家分工合作，才能編成完美的「文學論爭集」。若以個人淺薄的閱歷，如何能梳理浩如煙海的資料，使之完整無誤的成集？

雖然如此，我還是全力以赴。

詩翁賣舊書

以前經常流連書店，在三聯、商務、中華、上海書局等書店，常見各類的新文學作品，史料著作也很多。

但國內自從一九六六年後，所有五四以後的新文學書刊，都從書架上絕跡。上述主流書店所售的，幾乎都是《毛澤東選集》、《毛語錄》……之類清一色的政治書刊，或是諸如秦兆陽的《在田野上前進》等歌頌農業合作化的文藝作品。二三十年代的文學作品，特別是史料，隻字片言也難見，唯一可想的就是到舊書店去找。

當年的舊書店幾乎都集中在旺角。那時尚未有過海隧道巴士，更無地鐵。出版社在西營盤東邊街。從那裏出發往旺角，舟車費一小時多。舊書店書積如山，可是二三十年代的書刊也少見；雖然也有不少文學作品，但幾乎都是海外重複翻版的書刊。

在此，不能不提詩人柳木下，他原名劉慕霞，著有詩集《海天集》。我對他並不認識，但讀過他的作品，印象頗深。那時我開畫室教畫，並未承接香港文學研究社委託編輯《文學論爭集》。

有一天，他到畫室來，自我介紹他是柳木下，我立即想起曾讀過他的詩篇。記得他提着一個用舊布包着的包裹。他說經朋友介紹，知道我是畫家。隨即解開包裏，拿出幾本舊書來，那是有關繪畫的書刊。

我對他不怎麼認識，除了讀過他的詩之外，後來與一些朋友談起這件事，才知道他曾在《華僑日報》任編輯（是我的老前輩）；後因一些感情問題，健康受影響，從此不能正常工作，也無法再寫作。後來就靠向文化界朋友賣舊書過日子。文化人知道他的背景後，他每次登門，不論携來的書是否合用，都基於幫助他的生活，多少會購買一些。

後來我編《文學論爭集》，正好請他協助找資料。因他的幫助，提供了不少實用的參考書；因為有些是他的藏書，外面無法找到。如非他的協助，很難想像我是否能完成任務。

保命最要緊

大約半年時間，收集到兩三百萬字的資料，終於可以開始編《文學論爭集》。其中較吃力的工作是寫篇導言，概述這第二個十年時期文藝思潮的發展概況。我花了兩三個月，終於編寫了一篇五六萬字的導言；我特別在〈編寫〉二字加旁點，以示我是根據資料編寫，非我創作。

整套《中國新文學大系．續編》，至此基本上已完成。餘下的工作就是發排版和校對，這也是重要的工作，估計仍需費時半年。

就在這時候，國內的形勢非常惡劣，身在國內的集稿者，大概感受到生命受到威脅，即刻通知出版社，要求我們立刻抽掉田漢、夏衍、陽翰笙和歐陽予倩等四位戲劇家的一切作品和有關資料。

我沒有看到原信。只是有一天，經理忽然對我轉達這事。至於信是誰寫的？何時寄出的？香港的收件人是誰？何時收到的？經理也無法給答案。

我不難理解，身在國內的集稿人（可能是《戲劇集》的編輯？），不可能不知道，幾經辛苦才編成的戲劇集，抽掉了這四位劇作家，等於將戲劇排除於中國文學以外，嚴重的影響整個新文學大系的完整性。但是，這四人正受批鬥，與他們有關係的人也受牽連，身為戲劇集的編輯，卻讚揚他們對中國現代戲劇發展的貢獻；這些資料落在有心人手上，不成為牛鬼蛇神被批鬥，幾稀矣！說不定還要賠上性命。

在此情況下，他們要求港方出版社，刪掉這四人以保安全，這是可以理解的。但是對於主編（集稿者）來說，即使刪改也未必安全。因為小說、散文和詩歌集中大部分作家或詩人，都已成了牛鬼蛇神；任何一位都足以構成莫須有的罪證。

一言成大錯

戲劇集中，夏衍、田漢、歐陽予倩、陽翰笙等四人的作品及有關資料，可能為集稿者帶來橫禍，我們須慎重考慮。但我翻查已編好的各集，尤其是每集編者的「導言」，都是「罪證」。若然真的要算帳，就算沒有這四條漢子，結果都是一樣。

所以，我提出幾個方案：

一，既然整套大系《續編》都已編好，不如把它擱置下來，待國內的形勢穩定，然後再考慮出版問題。

二，以散集的形式出版。不冠以「中國新文學大系」之名，以（中國新文學叢書）或「中國新文學選集」《小說選集》，《散文選集》……的形式出版；不過，這就跟坊間許多翻版的文集無異。

三，擱置集稿者的要求，理由已如上述。另方面，大系是在海外出版，面向海外讀者，不論任何影響，都是海外讀者的問題，與國內人民無關。另方面，從國內的情況看，政治運動針對的最主要對象是知識分子，尤其是作家和藝術家；萬一到時候真的要追究，那也是編輯的責任，不可能禍及經理吧。

我這麼分析，陳衛中終於同意按原定計劃將《中國新文學大系．續編》出版。

我把十集作品全部整理完畢，並且發去排版了，只待校對清楚就可以付印。不過這是最後的工作，也不能馬虎從事，大概尚需半年時間。就在此時，陳衛中忽然對我說：

「老譚，你的工作至本月底為止。」

他這一決定原是很平常，但卻為這套相當高價值的大系，帶來嚴重的負面效果。

016 誰人拆爛污

大約一年後，經理陳衛中忽然打電話給我：

「老譚，你拆爛污！」

「什麼問題？」我問。

「大系續編為什麼那麼多錯漏……」

不待他往下說，我立即掛斷電話。

他應該記得我只是完成了整套大系的整理和編輯工作後，尚有一項不容忽視、同樣重要的工作，卻並非我經手：校正錯字和修飾錯漏的段落。

在他看來，任何一位職員，只要識字，就可以勝任編輯的工作。

我離開出版社時，發去排版的校稿尚未回來，後來他把這任務交給誰？他應該向此人問責。

還不止此，此人竟為大系續編寫「出版前言」，竟然說不宜刊登各集編者的名字，僅說他們是國內外的知名人物。

事實是：每一集的編輯，都在他們寫的《導言》中署名刊出，那有不宜刊出「各集主編的名字」這回事？

而真正不敢置名刊出者，就是該篇胡說八道的「出版前言」的作者。

這套十大卷的大系，國內的編者花多少時間，幾許精力才編成。而在香港，我也花了四年多時間整理和補編三集，這分明是國內和香港合力而成，而該出版前言竟說「分在東京，星加坡，香港進行」。

一套這麼認真、嚴肅，花那麼長時間才完成的《中國新文學大系．續編》，竟然錯漏百出，以及有那麼胡說八道的「出版前言」，真令人感嘆！

過來人評說下

葉可根比較客觀，他的《再見三十年代文藝》，肯定了「續編」的價值：

「在三十年代文藝被抹煞的今天，這部十大卷五百餘萬字文學選集的出版，對讀書界有一定程度的貢獻……

「有一部分老早絕版，或只是刊載在當年的雜誌上的，現在刊出來，是非常有價值的……

「《續編》的第一部是《文學論爭集》，在有關革命文學問題，文藝自由問題，大眾文藝問題各方面，這一集搜集的資料相當豐富……」

另一方面，《續編》存在的缺點，葉可根中肯的指出——

其一是編輯人的觀點問題。葉可根說：

「應該指出，這部《續編》不單有缺點，看來編纂時對出了問題的三十年代的作家，有政治偏見。面對文學歷史的真實，這種偏見是不應存在的。」

其二是缺少了文藝批評。葉可根說：

「有爭論而沒有文藝批評和文藝建設理論，這十年中就只有幾個文藝問題發生論爭，而文藝批評與文藝建設理論是一片空白麼？事實並非如此。」

其三是收集的作家和作品有欠全面。葉可根說：

「這《續編》無視丁玲作品的存在……散文與雜文方面，周作人的作品沒有被選上一篇。」

關於葉可根批評的幾點，我深信集稿人必然也自知。若非如葉可根所指編者在思想和客觀環境上有所顧忌，必然會把《續編》作更圓滿的處理。

主編現形記

當我初次瀏覽《續編》的目錄時，也發覺不應該缺了像胡風、丁玲、周作人等作家群。但當時的環境，只能允許各集的編者那樣處理，顯然有他們不得已的原因。我想，也就是這原因，這套新文學大系不可能在國內出版，也未必有出版機構願意，或者有勇氣出版，才會流到香港來出版。

當我着手整理這套書時，要收集這些作家的一些作品加以補充，當時也不是太難的事。不過，有部分已排了版或打好紙型；更主要的是編者們在其《導言》中從略了這些細節。如果我作補充，就牽一髮動全身。有如把各集重新組織、編選，這實在是不可能的事。

不過，出版社也曾提過可否由我另編一集，將應該存真的作者編選，作為《中國新文學大系．續編——補遺》。這是一舉兩得的權宜之計；既顧及《續編》的完整性，而因為在海外編輯，又不會累及國內的集稿者，實屬可行。

因為過早終止了我的合約，而我的興趣也已轉移到繪畫方面，煮字療饑，已告一段落。他們大概找不到人去編選《補遺》，所以不了了之。更甚者，出版機構改組；《中國新文學大系》在海外出版，可能至此為止。

隨着國內的政治環境逐漸改善，許多被冠以各種罪名的作家紛獲平反，並且有機會自由外訪。《中國新文學大系．續編》的集稿者——主編常君實，有一年也曾訪港約見羅琅；羅琅約同我前往香港灣仔天樂里南洋酒店的咖啡座會見他。當晚他倆以普通話交談，我完全聽不懂。不過，終於有機會與這位多年隱形的主編見一面，終究是樂事。只記得他個子不高，方臉，結實。

多年後，常君實忽然寫了封長信給羅琅，主要是表達對《續編》的不滿，字裏行間，充滿憤懣之情，提出各種疑問。

這原是與羅琅毫無關係的，羅琅也完全不明白他的問題。所以，他把信交給我，請我直接回答。

因此，我曾寫了封長信，對常君實的疑問逐一解答。此是後話，容後再述。

輯四

新聞界的路向

——《明報》創刊

新聞界的路向

一九五九年五月間，有一天，遇見何達到世界出版社交稿。當年，香港世界出版社出版書籍之外，尚出版幾種期刊，如《世界少年》、《世界兒童》，以及《家》；後來改名《婦女與家庭》，何達、夏易夫婦為該刊的基本撰稿者，後來成為特約主編。他們經常到編輯部來，因而與他們認識。

何達得知我常投稿報刊，而且也閱讀過我的作品。對我有些印象，但我對他夫婦倆認識不深。當時只知道他倆是朱自清和聞一多的學生，國內解放後南來香港，曾短期教書，後來以寫作為生。何達在國內時以詩著名；後來我在趙家壁主編的《中國新文學大系．詩集》讀到他的作品。

那時，他們住在鑽石山上元嶺一間小石屋，他曾多次邀我到訪閒談。他很健談，常常打開話題，不停地連續講兩三小時；都是談文學或寫作，有時拿出我的作品，上面劃上各種記號，跟我分析和指導，讓我得益良多。此後，我在工作或寫作上常得到他倆的指導，尤其是後來我編《南洋文藝》月刊，他們常給予寶貴意見。

那天，他交稿後正預備離去，我剛回出版社，我們就在街上閒談。他說今天這麼早來交稿，因為回去準備上班。

「你要上班？」我很奇怪地問，「到哪裏上班？」

「我返《明報》，」他說，「我在那裏編副刊。」然後他突然問我：「你有興趣編報紙嗎？」

「有機會的話，我很想轉換一下工作環境，但我未編過報紙，沒經驗。」

但他認為我可以勝任。

「我介紹你去《明報》，你有興趣嗎？」

那時我尚未知道有《明報》。他告訴我，《明報》是一個星期前才創刊出版。他應金庸之邀負責編副刊。

「他們請人？」

「我想，你可以接替我的職位編副刊。」

我有些愕然。

「我不明白你的意思。」

接任。」

「我的意思是，我辭職，但工作必需有人接任。所以我想向查良鏞推薦你接任。」

但是，他才上班幾天就想辭職，我頗疑惑。但不好意思追問到底。

「我很感興趣，想嘗試編報紙。不過，我應該問問甘先生的意見，才能答覆。」

他同意，並表示等候。

回到編輯部，把剛才與何達談論的問題告訴甘豐穗。他略凝思片刻，說：

「如有機會而你又有興趣，不妨接受何達的建議。」

初入新聞界

甘豐穗是戰前著名的「中國新聞學院」第二屆畢業生，畢業後在國內從事新聞工作。他先是當記者，跑遍中國的大江南北；後來曾任韶關《建國日報》、《力行日報》以及廣州《華南日報》的編輯。

解放後，他從國內來港。上世紀五十年代初期，他在葉迅中創辦的八達中學任教。八達中學停辦後，長期為《大公報》、《新晚報》、《星島日報》、《明燈日報》等撰稿。

一九五五年間，他應香港世界出版社經理陳衛中邀請，開創編輯部，任總編輯（稍後他四處訪尋我參加編輯工作，如前所述）。

由於過去從事新聞工作的經歷，帶給他豐富的人生經驗，寬廣的視野，因此他覺得我到新聞界去鍛鍊，對未來的人生閱歷會有莫大的好處，認為我去《明報》是一個難得的好機會。

我答覆了何達。他向金庸提出讓我接替他的職位，獲得確定。

那是香港《明報》創刊，出版後的第十六天，我入職為副刊編輯。

甘豐穗對我說：「你如果覺得適合，做下去；如果無興趣，或者覺得不適合，你隨時返回出版社。」

似是而非的編輯

我開始到《明報》上班時，報社在中區娛樂行五樓（皇后大道中娛樂戲院），一間約六七百呎的寫字樓；編輯、採訪、經理、會計……都在這幾百呎的寫字間了。除了幾組辦公桌和一些簡單的文具之外，其他什麼都沒有。

當時的《明報》與其他報紙相比，真是名副其實的小報；四開本（像現今的免費報刊如《頭條日報》、《晴報》），每天出紙三四張。

自創刊出版後的第十八日起，才改為兩開本，原來報名「明報」是直排的，改版時由我親手剪貼成橫排，沿用至今。

當時《明報》的人手很少：社長查良鏞（金庸）、經理沈寶新、總編輯潘粵生、會計戴茂生、採訪主任雷煒坡、港聞編輯酈先生、記者羅燦堯、副刊編輯譚秀牧、校對周輔麟、以及一位負責送稿的雜工。

我當時雖名為副刊編輯，實際上是負責與作家聯絡，把稿件發排版和校對以至簽大版而已：因為內容和稿件已由社長查良鏞安排好。

若果僅是這麼簡單的工作，就很輕鬆；因為作家們來稿，遲早不一，間中空閒的時段很多，總不能坐着發呆，所以工友帶回來的校稿，自然地協助校對。有時電話響，記者不在，自然地接聽。如是線人報料，報告採訪主任，有時他叫我去採訪。因此，這些工作漸成正規，那時我已不止是「副刊編輯」，而是集編輯、記者、校對於一身；說是打雜，也恰當。

《明報》的艱辛日子（上）

《明報》創辦初期，可能限於資金，除了幾位工作人員之外，作為一間報社，最基本的設備全無；既無自己的排字房，更不用說印刷廠了。一切排版事宜，委託一間排版公司代辦；該公司專代一些小型報刊排版，其工場設在荷李活道與擺花街交界。送稿的工友，從娛樂戲院經威靈頓街上擺花街前往排版公司，來回一趟半小時多。排好版，送往附近一間承印報刊的印刷廠印刷，因此，排版和印刷所安排的時間，都有非常嚴格的規定。在報社內部來說，某一版截稿時間遲了，就影響其他版；嚴重些，甚至可能影響印報紙的時間，印刷廠甚至把你的報紙押後。如副刊，晚上十二時前必須排好版，否則影響了新聞版的程式。

副刊要準時十一時前截稿，就要作家們合作，盡早送稿來；一般來說，作家們通常有兩三天的存稿，但有例外。每日的小說版，下午就排好版，只留下兩個天窗：其一是金庸的小說《神雕俠侶》；另一是張夢還的武俠小說。金庸每天晚上十時左右回到報社，坐下，就寫《神雕俠侶》，約二十分鐘寫完，交給我，我馬上就交給送稿工友帶往排版；所以，我本來可能是《神雕俠侶》的第一位讀者，卻一行字也沒有讀過。

金庸寫完《神雕俠侶》，接着寫「短評」，約在十一時離開報社。

另一作家張夢還，他在晚間八時左右來到報社，拿一疊題目紙（有如拍紙簿大小），開始寫他的武俠小說。一張本來可以寫百字的題目紙，他卻像寫大字報；寫十一、二個字，寫完一頁，即刻拿給我，然後寫第二頁……，逐頁的給我；而我必須待他交完全篇作品才閱讀；七、八百字的作品，幾十頁紙，像一本書；總之，這是他的長處，也是他的古怪習慣。他雖然逐頁的寫，逐頁的拿給我，卻總能不多不少，恰夠填滿我預留的版位。他每寫一頁，無暇自己校閱或修改，卻甚少錯漏。

《明報》的艱辛日子（下）

《明報》那時沒有排版設備和印刷廠，雖然也能像其他報刊一般照常出版無誤，但採訪新聞而沒有採訪車，依賴公共交通工具。那個年代的公共交通很落後，路線不多，班次疏，候車的時間長，這對爭分秒的記者來說，是最大的壓力和辛勞。

舉個例子：有次我前往柴灣採訪，下午三時從報社出發，步行至干諾道中統一碼頭，乘二號巴士至灣仔軒尼詩道，至灣仔碼頭乘八號巴士往柴灣。當時的八號巴士總站就在筲箕灣道與大潭道的交界處，然後沿一條小山徑（即現今之柴灣道）走半小時去山坡上的興民村採訪，回到報社已近晚上八時。試想，訪新聞只花二十分鐘，其餘的時間就花在公共交通上。

如果案件發生在較遠的地區，或是缺乏公共交通的地方，小事件可以放棄，但要是嚴重事件，只能由採訪主任向其他同業討個人情，搭載同事一起前往。

我們唯一的記者，不可能每次採訪後，都回到報社寫新聞，然後再出發去工作。通常是他在外面活動，打電話回來，講新聞，有時我接聽後，負責寫新聞。可以說，我的工作真是「冇時停」。

一間木屋住百人

一間報紙，沒有上述設備，可以如常運作，但沒有攝影機，那就是奇聞了。但事實的確如此。

七月中，一場暴雨，使石硤尾的木屋區被水淹，近百災民被迫露宿在深水步欽州街一間教會醫院外。

我前往採訪。一位居民說，他們已在那裏露宿了兩天。當日我估計約有六七十人，婦孺小孩佔多數。那位居民說，人數差不多兩百；其他的返工去了。差不多半數是他的同居。我問他，那是他的街坊鄰居？

「不是。」他說，「我們是同屋共住。」

我不明他的意思。

「我們同住在一間木屋裏。」他說。

「你的意思是，你們成百人同住在一間木屋裏？」

他肯定地點頭。

我非常吃驚。近百人同住在一間木屋，真是不可想像的事。

我請他帶我去看實際的情況。

到達那木屋區，潰水未退。我們涉水走到那間木屋，裏面很陰暗，望進去只見幾個大房間；大房內有小房，小房內有碌架床，高及屋頂。

原來這間木屋以前是製衣工場，全盛時期經常有三四十人開工。後來廠主結束了生意，將該木屋平分給幾位忠心職工；他們將屋子分別間成幾個大房，各據一間。後來他們各自將自己的房間分間隔成小房間出租。因此一間屋變出幾個房東：那些租客又將房間一分為二，除自住一間，分租另一間，自己由租客變為二房東。

那些三房客又在那小房間內搭建幾格床位，自住一格以外，其餘的出租，變成三房東。

如此演變，就使原來是一間工場，成了近百人的棲身之所。

當我把新聞寫好，雷坡剛回來，一看，認為這是很好的「頭條」，可惜沒有照片，減弱了震撼的效果。因為沒有攝影機，有什麼辦法？他想了想，隨即打電話給他的朋友：漫畫家麥正，請他隨我再往現場，用速寫畫下那木屋的輪廓，代替照片，作為新聞的插圖刊出。

以報紙的立場，真有些令人啼笑皆非。因為無法描繪屋內架床疊屋的擠迫、雜亂情況，而這才是新聞的焦點。

不過從另一方面看，大新聞卻配速寫代現場照片刊出，或另有趣味，是新聞界的創舉。在香港的新聞發展史上，可能是唯一的一次，也是最後的一次。

第二天，電視台看了我們的報導，跟進採訪，才讓觀眾看到百人如何能同住在一間木屋的真實情況。

咬實牙根齊節約

雖然工作條件惡劣，同事們體諒報社的環境，早到遲退，每星期工作足七天，毫無怨言。

開源（廣告收入）未達理想，報紙的銷量也未見大升；大家明白短期內工作環境難以改善。唯有更努力，使報紙的質量提升。

另一方面，我卻明顯的感受到節流的壓力。

首先是新聞線索的減縮。原本購買八、九條線，減縮為只剩兩條，這可節省大筆線人費。在國際電訊方面，購買美聯社、路透社等多間外國通訊社的電訊，全部截停。

少了報料線索，雷坡和記者就格外吃力的發掘新聞。國際電訊方面，潘粵生聽收音機和其他方面收集資訊，編輯國際新聞；版面上，以往的「美聯社X日電」、「路透社X日電」，改為「本報專訊」。內容同樣豐富和有特色。

至於副刊方面，有的作家不再續約。有一天，金庸拿一本舊書給我，讓我代替一篇剛刊完的武俠小說版位；這是平江不肖生著的武俠小說《鷹爪王》，以「武俠名著精選」的總題下連載。這是已故作家的作品，出版者是誰？已無從查考。該書是何年代出版的？那個年代，恐怕未有什麼「版權法」，可以無須支付稿費。

另一方面，幾位同事也盡可能的寫稿支持；如雷坡寫新聞故事，潘粵生以姚傑筆名寫連載小說《女書院的春天》，缺稿時，我也寫小說填版位。「自己人」的作品，大家支取象徵式的稿費。總之，報社同事們，咬緊牙關齊節約，與報社共渡難關。

雖然為了節省大筆開支而停購大部分新聞線索和國際電訊，但每日打開報紙互作比較，不論是港聞或國際新聞，《明報》不比其他報章遜色；新聞「人有我有；更甚至人冇我亦有」，這是同事們不辭勞苦拼搏的成績。

見證《明報》一百日

由於工作時間長：發稿、校對、採訪、寫新聞……一項接一項，幾乎沒有歇息的空間。從下午二時回到報社，就忙到凌晨。有時剛回去，來不及吃午餐，就空着肚子出去採訪。

那時，我與潘粵生在堅道一間天主教堂附近租一房間同住；每天放工後，所有公共交通已停止。報社與寓所之間，路雖不遠，但要沿斜路步行，頗疲倦。沐浴後，疲勞被沖走，睡意全無，只能半醒半睡躺幾小時。

日夜顛倒的生活程式和飲食無定時規律，逐漸影響我的健康，感到難以持久下去。

有一天與雷坡談及這問題，告訴他我預備辭職。他說報社就快增加人手，到時就可以分輕我的工作，大家都不用那麼緊張、忙碌，屆時就可以過正常的作息生活。

雷坡透露這訊息，但沒有估計何時實行，可能非短期內的計劃。我雖有心支持下去，但胃的隱痛漸覺頻密，尤其是持續工作（例如在採訪途中），無暇進食，更為明顯。所以我寫了辭職信。

大概在一星期後，與潘粵生往清華閣飲早茶後，回到寓所，天氣非常熱，我們躺在地板上，談及我預備辭職的問題：我想知道，是待報社聘請到接替我的工作的人，就如何達當日確定了我可接替他的工作時才請辭，或是按一般習慣，工作至月底就提出？

他沒有回應。

他睡着了。

報社盡一切辦法節約，內容依然充實，逐漸渡過最艱難的時刻。

《明報》到了創刊出版的一百日。

報社在北角英皇道、留仙街附近的天使餐廳閣樓，設晚餐招待同事。當晚出席的有：金庸、沈寶新、潘粵生、雷坡、戴茂生、鄺先生和我共七人。席間，金庸感謝大家不計辛勞的工作。談及《明報》的發展，他說：「如果銷紙達到七千份，收支就可以平衡了。」

金庸同時講了些未來的發展計劃：努力辦好《明報》之後，將出版一些雜誌；尤其是要出版一份國際水準的、可以邀請哲學家如羅素等國際級的作家供稿。

可見《明報》開始漸入佳境。我也唯有寄望盡快增加人手，改善工作條件，對我的健康會有幫助。

但是，金庸太太向他作的一個小報告，使我立即遞了辭職信。

金庸太太與我

有一天，回到報社，見我寫字枱上有一便條；那是送稿的工友留下：排版師父說有篇稿多出幾行字，叫我立即去處理。我趕去排版房，處理了稿件，回到報社，預備吃午餐，這時雷坡接聽了一電話：觀塘有開槍事件。他叫我立即去看看。這時，一個女人剛進來，我從未見過她，不知道她是什麼人。只聞有人叫她「查太」，後來才知道她是金庸太太。

聽了雷坡的話後，她說：「我也去。我想看看採訪新聞。」

於是，我便與查太同行。那時，從報社出發往觀塘，路途曲折；從娛樂戲院步行至統一碼頭，乘油麻地小輪渡海，在佐敦道乘巴士至牛頭角；因為沒有公共交通至觀塘，只能從牛頭角乘搭單車尾前往。

當時的觀塘，很荒涼，只有間消防局，旁邊是一間製衣廠。對面有兩間大牌檔，開槍事件就在這裏發生。

我找着目睹事件的大牌檔夥記，訪談事件，又觀察了槍客逃走的方向及其環境，基本上已完成整個事件的採訪。

回到大牌檔，這時才見一輛採訪車到來，記者跟茶檔夥計訪問幾句後，就開車走了。

如果沒有乘客，單車不會空車到來；而我因為整天沒吃東西，胃痛發作，就在大牌檔吃簡單的午餐，一邊等候單車到來。

我們出發時是下午三時，採訪完回到報社已是晚上九時。

《明報》的情況顯然好轉。報社從娛樂行遷到德輔道中，邁上環街市的「大中華茶餐廳」樓上，並開設了排版部。增聘人手的事也在進行，最先加入的是韓中旋，不過大約一星期後我才見到他。他向我傳達金庸的一個口訊：

「老譚，查太向金庸報告說，你出去不採訪新聞，只顧吃東西。查先生的意思是，請你自動辭職。」

當晚，我就遞出了已保存一段時間的辭職信。

當日金庸太太跟我去觀塘採訪，相信她即晚會向金庸報告，他為何不立即叫我自己辭職，而在事隔兩三個星期後，才通過韓中旋，傳口訊請我自動辭職呢？

輯五

幸運的巧合

我是「華僑文化」編輯

胡嘉豐憶述他入《華僑日報》當記者的經過：先寫信應徵，獲接納，邀往筆試——

「第一部分是假設出席某主題的記者招待會，試擬出十條問題，訪問現場嘉賓；第二部分是翻譯題，把兩篇英文資料翻譯成中文。」

過了這兩關，然後又面試。合格，才獲聘為記者。

由此可知，在《華僑日報》當記者，也需有文憑（胡嘉豐畢業於樹仁學院），又要經嚴格甄選。就是當校對，也要中學畢業。

在我來說，既無學歷可言，也無任何文憑；亦無需經面試或筆試，就進該報當編輯；除了是運氣使然，別無其他理由。

離開《明報》，我重返世界出版社，與甘豐穗一起工作。後來我編《南洋文藝》月刊，以及參與編選《中國新文學大系·續編》，前後六、七年。然後我再離開出版界，甘豐穗不久也離世界出版社，專職寫作，並為香港電台寫廣播劇，以及進了《華僑晚報》編副刊。

我和他都是鑪峰雅集的創會成員，每週的雅集茶敘，他通常都出席。所以我們見面的機會很多。

一九八五年五月間，有一次茶敘散後，我剛回到家裏。接到他的電話：「阿譚，剛接到消息，《華僑日報》要請一位編輯，你最適合啦。」

我們相約次日往《華僑日報》見鄭家鎮，他是副刊主任。他亦是我的老師，我曾跟他學過短期國畫；他亦間中也出席鑪峰雅集的活動，所以相熟。

那天他見了我，帶我往見總編輯何建章。

「何老總，這位是譚秀牧，他來編文化版。」

何建章架起眼鏡，望望我：「噢，好呀！」頓一下，問：「什麼時候開始？」

「今日！」鄭家鎮答。

「噢，好！」何建章點點頭，說。

就這麼簡單，我就成了《華僑日報．華僑文化》編輯。

幸運的巧合

《華僑日報》創刊於一九二五年，是香港歷史最悠久的中文報紙，能在該報工作，自覺很幸運。因為該報甚少有人事變動，記者或時有更替，編輯則少有變換。從我任職那天開始，直至一九九一年被《南華早報》收購為止，《華僑日報》基本上沒有聘請任何編輯，可以說我是唯一的一位。

老報章並沒有什麼老規則，只是記者需經數月試用，合格才獲聘。成為編輯，我可算例外，既未經試用期，也沒有填寫過履歷表；只是那天鄭家鎮引我會見總編輯何建章，他倆對答的兩三句話，就作了決定。

可以說，在《華僑日報》長長的歷史，和眾多的職工中，我可以說是很特別的一個；並非說有任何特別才能，而是特別的運氣。而在往後的日子中，我所經歷過一些特別的經歷，恐怕不單是《華僑日報》所有員工，甚至可以說，所有其他新聞從業員都可能沒有機會體會的。

老報紙沒有什麼特別的規條要員工遵守；不要求你怎樣做，也不會告訴你做什麼和不該做什麼。總之，你坐在該位置，你就應該知道做什麼和不可做什麼。

對我來說，真是非常自由；什麼時候上班，什麼時候下班，絕無規定。總之，每日準時編好版就是。

在開始工作，我便有非常有利的條件：甘豐穗是經驗豐富的老前輩，有什麼問題可隨時向他請教；鄭家鎮在文化藝術界德高望重，在香港和國內人脈極廣，任何人事關係，都可得到他圓滿的協助；韓中旋此時已任《成報》總編輯多年，他知道我任職《華僑日報》，也曾表示必要時可借助他在新聞界的「名氣」以解疑難。

一九六六年我舉行個人油畫展時，當年「華僑文化」的編輯王嗇名，曾為我發刊畫展消息。同樣，五十年代我開始學習寫作，曾投稿《華僑日報》的學生園地，想不到，在二三十年後我成為「華僑文化」的編輯，同時更做了校園版的編輯。

這，真可以說是很幸運的巧合！

面向文化藝術界

我開始接編「華僑文化」版之前，該版似不很被重視。我認為最大的原因是該版篇幅不固定，尤其是王醬名主編的年代，有時是兩三條字位（每版十八條字，每條一千字）。而且版位不固定，常被擠在其他版，甚至分散在兩三版，似為填空位而設，有時兩三天也不見報。往後的編者情況也差不多。

我的理解是，在王醬名那年代，香港的人口百餘萬，城市規模也未發展，文化藝術活動的幅面不廣，可能沒有足夠的文化活動資訊，支撐每天固定見報的半版篇幅。另一方面，編輯是否主動的接觸文藝界，是一個關鍵問題；我的體會是，以前很多文藝界朋友，他們不知道編輯是誰，他們舉辦活動，無論是畫展或音樂會，從不見其到場。

香港大會堂落成啟用（一九六二年），文化藝術活動由此漸見頻密；香港藝術中心（一九七七年）也相繼啟用，文化活動更見熱鬧。許多文藝團體註冊成立，以至展覽或演出場地顯得非常不足；想在大會堂租個場地，既要登記抽簽，排期要一年或以上。

照理，「華僑文化」版在發佈文化活動資訊，參與推廣文藝活動有非常廣大的空間。

事實上，香港市民也很清楚，香港當年有差不多二十份中文報紙，除了《華僑日報》有專為推廣文化活動的「華僑文化」之外，其他報章可以說完全不刊登此類消息。

文化藝術界，不論是舉辦畫展、音樂會、戲劇演出或是出版新書，想發刊一段消息，讓市民知悉前往觀賞、分享，首先想到的，必然是《華僑日報》的「華僑文化」版。

名正言順，《華僑日報》的「華僑文化」版，正是面向文化藝術界的專版！

但當年文藝界的朋友常感嘆，想在報章上發表一段有關活動的消息，殊不容易！

文化記者不易為

甘豐穗向我提議，文化版應該保持每日九條字（半版）的完整篇幅，否則，時多時少，難被安排固定版位，結果就如以往的編輯一樣，讓拼版師父當作填空的碎料。這樣，讀者不重視，編者也不起勁。

保持每日固定半版篇幅，乍看似乎不費功夫，但以一人獨力為之，除非得過且過，如要使版面保持文化特色，不讓文化資訊變成「鱔稿」或廣告化的宣傳，同時避免老學究式的說理連篇，這就不是輕易的事。

文化界，不論是音樂家、畫家、或作家，要籌備一項活動，已是千頭萬緒，未必會顧及發消息給報社；另方面，許多音樂家或書畫家，他們彈琴唱歌水準一流，書畫家畫藝高超，但未必能寫篇合適的新聞稿。這就需要編者主動而求。當然，這是記者的工作。在編者而言，主要是根據資料而為。

本來我可以請報社派一位記者給文化版，但因為新聞部也有相關的文化活動新聞稿分發給文化版，不過適合我要求的不多。我認為文化記者也應該像其他例如經濟、體育、教育……各有其專門知識，而普通的記者同事都是採訪社會新聞為主。要任何一位改任文化版記者，除非他對這方面有廣泛的興趣，和經常留意、參與活動，否則，只能根據主辦者所發的資料寫新聞，必然浮淺，不能深入，甚至不能判斷資料的真偽。常見的例子，如果是畫家開畫展，常稱其為「大師」；觀眾如讀過新聞後往參觀，覺得畫家的造詣不如宣傳的那麼高，必然反感。

所以，文化記者，表面看似簡單易為，其實並不簡單。

妙語如鏡

從事編輯工作，經常遇上一些令人迎拒兩難的事。相信不少新聞工作者都曾有過的經歷：一些朋友知道你編報紙，有些什麼特別事情，就想請你幫忙，在報紙上刊段消息，或發表作品。

有人提供訊息或作品，正是編輯所歡迎的事，但有時卻覺得為難。如果適合，當然很樂意選用；反之，就很容易得罪人。

曾經有位大專學院傳理系的學生，暑假期間到報社來當見習記者，跟我合作了三個星期。期滿，最後一刻，她收拾好個人物件，正準備離去，忽然止步，轉過身來說：「譚先生，見到你，我就想作嘔啦！」

我正覺得莫名其妙，未想到如何回應，但她馬上改口：「對不起，我是講笑呀！」

不管她是認真還是講笑，她走後，我放下筆，想了一會；對她這句是笑話或非笑話，我不覺得反感，反而覺得她很率直。而這句話，像突然給我一面鏡子，觀照自己的品行，可能在工作上開罪了很多人而不自覺。

事實是，除非你馬虎地應付過去就算，對於稿件的選擇，來者不拒，成為好好先生，才不會有誰在背後罵你，更不會面對着你直說「見着你就想作嘔」。

但是我的原則是：我工作，非只為混兩餐而已，所以不能不心腸硬一點。

僧面佛面兩不看

據説，香港作家劉以鬯任職報紙編輯時，認稿不認人；我相信絕大多數報刊編輯，都是秉持這麼樣的態度為讀者服務。

作為寫作者與身為報紙編輯，兩方面我都有深切的感受。作為寫作者，在過去幾十年的投稿經歷，雖然我經常投稿的報刊，如《文匯報》、《新晚報．文藝版》和《星島日報．星辰版》編輯等，我都認識，自己許多作品都是在那些報刊上發表。但我每次投寄稿件，從不託相熟的朋友轉交或直接寫上編者的名字。總之，盡量避免私人關係為佳。

我深信作品能否有機會發表，完全是作品本身的問題。如不合要求，由任何人轉交編輯，效果都是一樣。

有一次，經理岑才生給我一封信，裏面是幾篇新詩；過了兩星期，作者可能不見刊出，託岑才生查問：

「譚先生，朋友託我給你的幾篇文，什麼時候可替他刊登呀？」

「不適合刊用，」我回答：「不過，我已寫了點意見，説明不用的原因。」

岑才生聽了，並無異議。

一般人對那些欲以上對下以達其目的人，都不會有好感。此類人的心態是：你不替我辦壓，請你的上司來，看你能拒絕不？抱持這種「不看僧面看佛面」歪理的人，在我接觸到的文化人之中，十分罕見。終於也看到一個例子：

一位老詩人，先前交來一疊舊詩，其中合用的我已發表，其他的已退回給他。但不久，他託岑才生再交給我，並附一封信，請岑才生叫我「在文化版刊登」。因未附地址，我只好在文化版上刊登小啟：

「XX先生，大作不合用，請到荷李活道本報營業部領回。」

編輯的喜悅與遺憾

我接觸過的作者，大都是業餘寫作，而且是為一時的興趣而執筆。他們大都寫個人的生活經歷，或是工作經驗，可以説都是真才實料。也許作者們不是經常操練的關係，不善於鋪展題材、靈活使用詞句，因此對於作品選用的機會頗為影響。另一點是，他們把作品送出去之前，應該先了解哪間報刊比較適合，因為每家報刊的性質不同，自己先評估一下是否適合要求，可增加被選用的機會。

如果與編輯是經常見面的老朋友，作品選用與否，彼此諒解，那是另一回事。但是，有時一些交情不深的朋友，交來的作品題材不合，無法刊登，很容易引起誤解。

我的太極拳師父，寫了一篇有關太極拳的短文，請我在文化版刊登。宣傳太極拳對身體健康有好處、如何練習才正確，這些道理雖好，但畢竟並非文化活動。太極拳歸於體育項目較為適合，因為這是關於身心健康的動態的體能活動，而文化是靜態的精神活動，兩者有明顯的異趣。

另外，一位老中醫將多年行醫心得，寫了一篇〈溫病治療及驗方〉；我對醫學毫無認識，無法判斷其作品的優劣，但我深信這是他數十年治病心得，曾經為無數病人解除病痛的寶貴經驗。他將其整理出來，有益於業界的交流。可惜，因題材不適合，無法替他發表。

類似的例子不少。

我想，每位編輯都希望收到合適的好作品，但常有好作品因題材問題不適合刊物發表。面對好文章卻無法刊用，對作者來說感到失望，這是可以理解的，而編者何嘗不也覺得遺憾呢！

難倒女婿

前文提及文化記者也應該像其他專業記者，應該具有相關專業的常識，並非任何記者都可勝任，但也不等於說一定要文學、音樂、藝術樣樣精通才成。而是說，如果對這些沒興趣，平日全不接觸，無興趣閱讀，不喜歡聽音樂，不參觀展覽，……工作難度會很大。

這裏舉個例子：

採訪部的同事阿清，他寫社會動態新聞採訪和報導都很出色，但是有一件事難倒了他。

他的外父在一間畫苑學西洋畫，那畫苑的老師據說曾留學法國學繪畫，現正準備舉行師生畫展，他的外父也有作品參加展出。

因為他是記者，外母請他寫篇文章替老師捧場，介紹其藝術，順便也介紹外父的作品。這本來是順理成章，而且很值得高興的事，也是舉手之勞。尤其值得高興的是，畫展開幕的那天正是外父的生日；因此，這任務阿清非圓滿地完成不可。

然而，事實是這位外母難倒了女婿。

輯六

點彩派及其他

——文化編輯不易為

036 說難並不難

在香港開設畫苑的畫家，大多數畢業於早期的香港美專或嶺海藝專；或曾跟隨徐東白、伍步雲、馬家寶、黃潮寬……等西畫家；或跟趙少昂、楊善深、司徒奇、梁伯譽、張韶石、周世聰……等國畫家學藝，少數來自國內。不論他們出身於何處，他們都是以所師承的傳統寫實畫藝教授學生。就算曾經有位來自義大利的畫家陳學書夫婦，教授的都是傳統的寫實技法。

像阿清外父所師從的畫家，曾在法國學畫，接觸的畫派比較多，所以他教學生的形式也比較多樣化；從他出示的圖片，可見他在法國傳統的寫實派如戈爾培、夏爾丹以至野獸派、點彩派的風格都有。

由於大多數畫家基本上都是寫實派，許多畫展的內容和風格相差不大；不論人物，靜物或風景，所有畫面都是具體的事物，觀眾無須借助參考資料都容易明白。為此類畫展作宣傳，其實並無難處；只要告訴觀眾：畫展的日期，地點，展出者；概括地提點畫展的內容特點。比如所畫的花卉，鮮艷如可聞其香味，某些風景如何引人入勝……這樣的介紹雖然很概念化，但對於一篇報導畫展的新聞稿，已達到基本要求。

037 阿清摸不着頭腦

觀眾參觀畫展之前，讀過新聞，他們會有預算，知道將看到什麼樣的作品；如果能提出該畫家有哪些特點，可加深他們的印象和興趣。

我參觀過的展覽不少，很多畫家都是以單一的技法畫畫。如果是個人畫展，除了內容不一樣，每幅作品都差不多。

阿清外父的老師的確與其他畫家有些不同。同一類題材，例如花卉果品或者一些日用器皿，他可以寫實，亦可以如印象派畫家雷諾阿（Pierre Auguste Renior）的技法繪畫；再如田園風景，在寫實以外，他也有幾幅作品以簡化的形象和強烈的原色繪畫，顯然是野獸派畫家如弗拉芒克（Maurice de Vlaminck）和特朗（Andre Derain）所影響。可以說，他並非單靠某一種創作方法的畫家。

以阿清這類平日少接觸繪畫的人來說，要為這個畫展作宣傳，的確會摸不着頭腦。

038 宜抱開放態度

阿清受外母命，先找我商談有關宣傳事宜。我提了一些意見，幾天後，他帶來一些圖片和兩篇稿；其一是新聞稿，另一篇是特寫。新聞稿基本上按照我的意見寫，無問題，但那篇特稿則全不像樣。介紹老師的靜物作品，畫的器皿例如銅煲，他形容老師畫得閃閃發光，鏗鏘有聲；介紹寫實作品，怎樣形容都不錯。介紹老師的某些風景，就有點近於「胡言亂語」；前面說是抽象派，後面則形容為印象派。

對於平常少接觸繪畫的人而言，這不足為奇。很多喜愛藝術的觀眾，也會像阿清一樣，並非常見的寫實形式，直接把它們歸於印象派或抽象派。甚至不少傳統畫家，不論中或西，對於自己平常慣用的技法以外的形式，都會抗拒，把它們視為抽象畫或怪畫。這是非理性的不解或誤解。

如果放開視野，抱着欣賞的心態去看待一切藝術作品，對於某類形式的作品，可能你今次看不明白，多看幾次或會有所領悟。以我的淺見，對於非形象性繪畫，尤其是抽象畫，首先不要問：這是什麼？試以另一角度去觀賞，如從音樂的角度，去體會畫家使用色彩的輕、重形成的節奏，或是色塊的疏、密，去猜想作品的結構意念……，這樣會增加我們觀賞多方面藝術展覽的樂趣。

再簡單點説，面對一幅抽象畫，如果當它是一塊花布的圖案，你的答案是喜歡或不喜歡；如此便可。或進一步問：為什麼喜歡或不喜歡？……如此，一開始，你不抱抗拒的態度，你實際上也可以欣賞抽象畫了。

臨急抱佛腳

阿清在特稿中提及的作品：老師那兩三幅風景是野獸派的形式，他外父兩幅是點彩派的技法。這些跟抽象派沒關係，都是形象藝術，同屬後期印象派中兩種表現方式。在美術史的觀點，比較近於印象派，跟抽象派距離比較遠。

阿清平日少接觸美術史料，難怪他不清楚其中的關係。我提議他到圖書館找法國繪畫史，精讀裏面講的後期印象派，特別是野獸派中有關馬蒂斯（Matisse）、弗拉芒克（Maurice de Vlaminck）和特朗（Andre Derain）；以及點彩派的西涅克（Paul Signic）和秀拉（Georges Seurat）等幾位畫家的資料。

像這一類普通常識，是從平日一點一點積累，及至有用時隨手翻查資料，才能觸類旁通，融入自己的語言中，再寫出來，才不至於令讀者有堆砌、生硬的感覺。

過了幾天，阿清參考了美術史料，重寫特稿；畢竟是臨急抱佛腳，面對那麼多陌生的資料，在急促的情況下，會無從入手，難以把握重點。只能將錄取的原文，串連成段，其間的連接，用詞用語，亦是一種功夫。另一難以控制的是，要寫的內容不能超出限定的篇幅。阿清的作品就是這樣。

「我替你刪改，或是你自己？」

我提了些意見，他願意再重寫。第二天，我再讀他改寫後的新作：他總算完成了任務。

誰是印象派創始者

印象派是指法國畫家莫內（Claude Monet）和朋友們，他們一直被官方的沙龍所排擠，終於聯合起來，於一八七四年四月十五日，在巴黎舉辦首次獨立派畫展，這批展品共一百六十五幅，都是歷來被官方沙龍拒絕參展的作品。其中莫內的一幅作品《印象．日出》，描繪海港在日出那瞬間的氣氛。

印象派的特點，在於畫家描繪景物在陽光下的色彩變化；印象派畫家認為因光線的變化所形成的色彩形象，才是物體的真確形象。因此，印象派畫家注重在戶外寫生，而印象派的作品，也是以風景畫佔多數，因而印象派又有外光派之稱。

莫內曾畫過多幅連作，描繪一個稻草堆，在一天之中，不同時間、不同色彩變化展示的不同形象，證明印象派理論的正確。

這幅《印象．日出》描繪的船隻，只見草草幾筆，那些不規則、淩亂的桅杆，好不容易才使觀眾聯想到那是船隻；而畫面中央搖着槳的小艇，只是黑影。整幅畫面，不見完整的形象，看似很草率，像一幅中途而廢的未完成之作。因此，一位保守派記者看完後，寫篇報導譏諷說這是「印象派畫家的畫展」，而這群畫家也樂得以此為名。

「印象派」是以莫內的作品《印象．日出》而致名，但這並非說莫內是印象派的創始者；但可以肯定，莫內是印象派的代表畫家，其作品《印象．日出》是印象派的代表作。

究竟誰才是「印象派」的創始者？有的論者說是畢沙羅（Camille Pissarro），有的說是馬奈（Edouard Manet）；各有論據。

作為一位藝術愛好者，我覺得誰是某類形式的創始者，並不重要，那是美術史家的課題；能欣賞到他們的作品，於願已足。但我也深信，對美術史有些認識，會有助於了解畫家的創作方法以及作品，自己從中汲取養料。

041 點彩派……

阿清外父的老師所舉辦的那個師生畫展，顯示了他能夠以多種形式教學生。他對那些畫派的理解，顯然並非只憑印刷品或參閱一些畫冊，而是直接觀摩過一些點彩派畫家的原作。我也曾看過個別畫家模仿點彩派作畫。他們的知識可能來自畫冊或印刷品；但畫冊或印刷品印得如何精美，總比不上原作細緻、清晰。最簡單的觀察，點彩派雖然用筆方法有別於印象派，但其色彩原理基本上與印象派分別不大。我看過其他畫家處理畫面的暗黑面，直接以深或淺的黑色點染，雖然達到深暗的效果，但無色光，缺少透明感。

正統的或是印象派畫家也好，他們想描繪任何物體的顏色，都是先在調色板上調準了才畫上去。點彩派畫家不調色，也不繪畫輪廓線，而是在畫面上把無數細小的原色（紅、黃、藍）點點的相近並置；例如綠色是藍色和黃色調合而成，但他們不把黃與藍調成綠色，而是將兩種色彩分別點上去，人的眼睛會自動混合成為綠色。

由於點彩派畫家是以細筆觸原色點描的表現方式作畫，因此有另一名稱為分色畫派，或新印象主義；我認為以「分色派」形容之，較為貼切，因為他們是以色點堆砌的方法描繪形體。

從阿清外父的老師或學生的作品，都見到他們處理陰暗面不直接用黑色，而以深紅、或普魯士藍，錯綜點繪，讓觀眾的視覺自動調節而得到暗面的效果，感受到色彩之間的空間組合。

點彩派的創始畫家是保羅．西涅克（Paul Signac）和喬治．秀拉（Georges Seurat），但在美術史上卻以喬治．秀拉為代表；他的作品《大碗島的星期日下午》（A Sunday After Noon On the Island of La Grande Jatte）是點彩派的代表作。

作為藝術愛好者，我覺得點彩作品呆板，不夠深度；以畫家來說，作為遊戲，偶一為之，無可厚非。若以此為創作方法，大概難以持久。事實上，點彩派在法國藝壇短期出現過後，未見持續發展，可能與此有關。

點彩畫作在香港

在香港，可以說基本上不存在點彩畫派；這是以西畫的色彩和技法而言，就算個別畫家作為嘗試偶然有所作，也很難多見。但作為現代水墨畫，捨其色彩取其筆法，則另有人而為之。這也可成為速成畫家者的另一條捷徑；因為僅以中國畫之毛筆、墨和宣紙，按照傳統的中國畫皴法畫一幅六尺山水，沒有三幾年的基本功夫，簡直不知從何落筆。如果畫現代水墨畫，一年半載，就可畫得「似模似樣」，這樣說，似是笑話。

阿清外父的老師並非首位引入點彩派技法的畫家。早在上世紀六十年代，呂壽昆倡導現代水墨畫運動時，他可能引用了點彩派或直接引用了我國畫家常用的以點作畫的技法。一九八五年我在〈論呂壽昆與水墨畫運動〉一文中說及：「北宋米氏父子以『點』於水墨淋漓中互相交融，表現自然界風雨微茫的意境……」即是此意。可見這種技法存在已久。呂壽昆順手拈來，授予學員，本來可以讓這一傳統技法持續發展；大概這種考人耐性的技法，難以迅速完成畫作，所以嘗試者也不多見。事實上，我國畫家也只是在創作時兼用此法而已，如清代畫家龔賢，間中也見以此法點染春天蒼潤的山巒，但未見全以這種技法創作的作品。

當年呂壽昆在香港中文大學校外課程主持水墨畫班，我曾去聽過課。同班認識一位張太，她是退休教師；她說是為了消閒而參加畫班，之前對國畫毫無認識。

大概一年後，我收到她參加一個團體畫展的請帖。到場參觀，看到她參展的兩幅六尺山水，着實令我吃一驚，自歎不如；畫面沒有樹木，只見層巒疊嶂，水靜如鏡，用細點的筆觸以深或淺單一的墨色點成，可以說是中式的點彩畫。她說，要四五個月才畫成一幅；而且是每日定時畫兩三小時。

觀眾們見慣的國畫，都是以各種皴法畫成，山水樹木，溪流茅舍；是現實世界中的風景，不似張太的山水；似是死寂的世界，不見人間煙火，有另一種趣味，一時之間，為觀眾稱奇。不過，見過她兩三次展出大同小異的作品後，可能她也覺得乏味，難以持續。不久，就看到她已跟一位嶺南派畫家學畫花鳥了。

李畫家的一席話

阿清知悉外父即將參加畫展，就相約與他們茶敘，請教有關宣傳的問題。但那段日子適逢香港藝術節舉行，我非常繁忙，直至畫展的最後一天，才終於與他前往參觀，見到了他的外父母及老師李畫家，他們陪同我一起參觀畫展，因而有機會聽到李畫家的藝術觀。

李畫家的父親在香港和法國經營象牙製品生意，中學畢業後，他即往巴黎就讀藝術學院。畢業後回港，本無打算教學生，但剛巧他一位舊同學在一家中學教美術，因移民辭職，推薦他接任。後來應一些家長請求而週末在家裏授課。他說只是業餘性質，不公開招學生，只憑熟人介紹，所以學生不多；也因此他教出相當好的成績。

他提及在法國幾年，除了上課，就是常去美術館和畫廊參觀。他對立體派及野獸派等不同繪畫技法頗有興趣，也曾着意研究；但他坦言只當作美術史的知識，他仍覺得寫實主義較可取。所以他的作品中雖有幾種流派的風格，但仍以寫實的作品為主。

「這些只是嘗試，」他指着其中一幅類似立體派風景說：「只有嘗試過，才算得上對這種畫的認識；如果單看畫展，難以說得上了解；因為每一種畫派的形成，當中必有其奧妙之處，通過模仿，才能把握。」

「在這幾個流派當中，有哪幾位畫家，你比較喜歡的？」

「其實，這些畫派的畫家不算多，其中以馬蒂斯（Henri Matisse）、畢加索（Pablo Picasso）、布拉克（Georges Braque）……比較有代表性，我比較喜歡馬蒂斯和弗拉芒克（Maurice de Vlaminck）。」

「他們有甚麼特點令你喜歡？」

「馬蒂斯對新形式的探索和善用強烈的對比色，弗拉芒克造形簡化用色強烈，這是值得寫實畫家研究的。」

「畫展之後，有什麼新計劃？」我問。他想一想，然後說：「明年暑假後，將返回法國。」

我對繪畫認識很淺。聆聽李畫家一席話，得益甚多。

044 何來野獸派

與李畫家對談，他這番話給我的印象最深刻：「野獸派，立體派和以後出現的流派，技法的發展可以說已到了極限。如果以此類形式作為繪畫目標，我覺得難以突破和建立個人的風格，等於形式上的抄襲。所以我對學生說，不妨通過模仿，作為對一種畫派的技法的理解，但不宜作為學繪畫的主要目的。」停頓一下，他補充似的說：「當然，他們仍是我的學生，我可以對他們這樣說；當他們掌握一定的繪畫知識和技巧，到時他們會思考自己的路向，我這些話仍可作參考。」

從他對藝術史的理解和教學生的態度，我覺得李畫家是十分難得的藝術老師。至於李畫家提及的立體派和野獸派，外國的藝術史一般將之歸納於後期印象派。

一群畫家如何被視為一個畫派？可能是一些畫家在共同的藝術理念下發展了一種新的表現方法，有顯著的共同特點，通過畫展而被評論家冠名，並非畫家們自己的主張。

野獸派何時出現，美術史家似無異議。都是根據以下的史實：

When the critic Louis Vauxcelles characterized a small classicizing bustachild by the sculptor Albert Marque-which share daroomat Salond' Automne of 1905 with paintings by Henri Matisse, Andre Derain, Maurice de Vlaminck, Henri Rousseau, and others as Donatello among the wild beasts.

摘錄自 *The great book of Post Impressionism:* Fauvism: An Orgy of pure colour

試譯：當評論家路易士・窩塞爾勒斯發現雕刻家阿巴特・馬爾凱的一尊具有古典風格的銅雕《小孩胸像》，同陳列於一九〇五年秋季沙龍展覽會場，與亨利・馬蒂斯、安德列・特朗、莫里士・弗拉芒克、亨利・盧梭，及與其他畫家同處一室，這真是「唐那泰羅被野獸圍困了」。

唐那泰羅是義大利文藝復興期著名雕刻家。

自從窩塞勒斯這本來是調侃性質的話在雜誌上刊登後，「野獸派」之名很快就獲接納和認同。

野獸派的作品，共同特點是：用色強烈，筆觸粗獷。畫家不根據常理作畫，不理會明暗的素描關係：也不講究透視，愛用強烈的原色，和彎曲的輪廓線。將事物的形象簡化，構圖顯得平面而富於裝飾趣味。

045 無出世紙的立體派

立體派何時出現，中外史家有些分歧。我閱讀國內和台灣出版的一些藝術史料，一般都認為是一九〇八年始於法國。這是根據布拉克（Georges Braque）一九〇八年在法國一間畫廊展出一批形式新穎的作品，被評論家評為布拉克把物體還原為「立方體」而起。

但根據 *Cubists and Cubism* 一書的作者在序言中說：

The term Cubist and appeared long after the art it designates, not in 1908as so often stated, but in April1911-that is, about five years after the beginnings of Cubism as identified and dated by art historians today。

試譯：立體派很久以前已出現·實際上早於其命名之前·並非如一般所稱為一九〇八年，而是一九一一年四月。大概是立體派首次出現之後五年，這是藝術史家所確認立體派成立的日期。

又說：

Contrary to legend, Cubism no birth certificate, no birthday. It was not been of any particular or shock, twasa revolution in the art of painting.

試譯：與傳說相反，立體派沒有出世證明，也無出生日期。也從沒有任何特別震撼的決定，這是繪畫藝術的一次革命。

這是可信的。因為在布拉克展出第一批立體派作品之前，塞尚（Paul Cezanne）和畢加索（Pablo Picasso）從非洲黑人的木雕得到啟發，開始探索立體藝術。而塞尚分析自然界的物象，可歸納為球形、圓錐形和圓柱形所構成；塞尚此一理論，影響了以後的現代藝術發展，因此他被譽為「現代藝術之父」。

立體派比野獸派富有藝術理念，從他們的作品可理解他們對事物經過冷靜的觀察、分析，然後將解體的物象慎密的安排、組合，非如野獸派畫家那麼衝動、任意揮灑。立體派畫家有明確的藝術目標：追求非傳統的美，而是幾何形體的美。

布拉克在他完成所展出的作品之前，也必有一段時間去思考和創作，也就決定了立體派的存在，實際上早於其獲得命名的事實。布拉克這次畫展，被譽為是一次藝術革命，這也是事實。

輯七

偽畫傳奇

——香港藝壇秘辛

046 新聞，亦真亦假

作為文化版編輯，我常出席各類音樂會或展覽會。我臨場，通常是雙重身份，一是工作，看看所刊登的新聞資料與所報導的內容是否相符，其次是個人身份。前者，我常發覺有差別，一般都是言過其實。

近年，「假新聞」之説甚流行。作為報刊編輯，處理資料，固不容輕率，但有時也會碰到一些亦真亦假的新聞，有意無意之間，做了假新聞。

以下是一個例子：曾經有一間貿易公司，舉辦齊白石畫展。我收到他們送來的資料，除了一篇寫得很得體的新聞稿之外，尚有幾幀齊白石作品的照片；仔細的檢察，可以確定是齊白石的真跡。

因此，我發了的新聞稿，以為是真實的新聞。

但臨場看展品卻是另一回事。

畫展在九龍一間酒店的會議廳舉行。開幕那天，有酒會招待憑請帖出席的嘉賓。我到得早，只幾個工作人員及來賓在場，尚未細看展品，就為會場的肅穆氣氛所攝；場內四角都有持長槍的護衛員，監視着觀眾的一舉一動。

先粗略地繞場瀏覽一遍，第一個印象頗奇怪：四五十幅作品，好像剛統一裝裱，其次，畫面全是中堂、直度，統一的尺寸。據我的印象，齊白石的畫，有橫披，有斗方，為何只有單一款式？再細看每一幅作品，才令人吃一驚：五十幅畫，竟無一是齊白石的真跡，全是贋品！

離開了會場，回想起所刊登了的新聞，心裏有些抱歉：做了一次假新聞！

偽作的見證

這次發刊的新聞，由真變假；如果有人因此被誤導而購藏展品，那實在是難恕的過失。若是普通觀眾，有機會觀賞一次如此大規模的贋品展，也不失為一次意外的收穫。除非是初入門收藏書畫者，否則，有經驗的藏家應該不易上當。因為這批贋品，無需像鑑賞家那樣從畫家的風格、創作時的時空環境等等高深層次去分析，稍為看過一些原作，甚而只看過印刷品，也能輕易分出其真偽。

以我所看過的齊白石畫作，不論是原作，或是榮寶齋的浮水印木刻作比較，可見其作偽的痕跡非常明顯：

一，這批畫是統一的尺寸，除非是這貿易公司某一時期向畫家整批的訂寫，否則，不可能如此一致。尤其是有些作品落款的歲數相隔二十多年，如：落款「五十九歲白石」的山村煙雨；另一幅落款「七十五歲白石老人」的牧童紙鳶。顯然非同一時期訂寫；就算是齊白石把作品收藏起來，若干年後一起出售，也不可能證明這些畫非偽作，因為：

二，根據我的印象，齊白石的畫或印刷品，都是以夾宣或單宣繪畫或印刷。而這批贗品則大部分用麻紙繪畫；麻紙不像宣紙易吸水份，嶺南派畫家比較愛用。因為他們愛用山馬筆作畫，這種畫筆比較粗硬，在宣紙上作畫，容易擦傷紙面。其他畫家使用麻紙的不多。

三，就算是齊白石真的曾用麻紙，那麼，由於非同一時間，否則紙質經歷時間先後的差異，必有變化；紙的光澤必有不同程度的淡褪，不可能像全新的一樣；

四，印章的顏色也是一樣的鮮潤，不因為年代的先後而有新舊的差異；

五，畫的抄襲或仿作，技法生硬；造假畫的，技法的修養未必低於原作畫家，但技法的熟練或生硬，在畫面可見高低。

綜合上述幾點，無需專家，普通觀眾，也可分別其真偽。

由於展覽會場四處貼着「嚴禁拍照」的告示，無法留下真實紀錄。

假畫亦古亦今

假畫，以假古代畫家作品較多。因為能見過原作的人不多，特別是越古越難得一見。做假畫的人，與其假一幅清人的作品，不如假唐宋作品，更難對證而價值也更高。也只有更經驗豐富的書畫鑑賞家才能識別。所以我在工作上，常收到一些拍賣公司的拍賣品目錄；似乎古人作品佔多數，把畫冊拿給老前輩看，他們指出幾乎所有唐宋畫家的作品都是贋品。這樣的判斷似太武斷。因為將一幅幾尺大的原畫壓縮成為幾寸的印刷品，在失真的差別下，實難分真假。但有經驗的鑑賞家，根據「氣韻生動」與否的基本原則，作第一印象的最基本的判斷，幾乎可以立判真偽。

「氣韻生動」可以說是中國人對藝術欣賞、評判的最高境界，放之四海皆準。

能造假古畫的人，其畫技當然高超，甚至與所假的對象不相上下，甚或過之而無不及。假的古畫我未見過，但假近代畫家的作品，我見過。

香港藝術館曾舉辦嶺南名家四人（高劍父、高奇峰、趙少昂、楊善深）畫展，並印了一本畫冊，楊善深一幅老虎也選印其中。想不到相隔廿年後的一天，楊善深約晚飯，離開報館赴約前，剛好收到一家拍賣行送來的春季拍賣會的目錄。我在車上翻閱，發現楊善深那幅老虎在內。

見着他，我展示他的畫，他望一眼，不假思索隨即說：「這是假的。」

「從哪兒看出來？」我問。

他指着老虎其中的一隻後腿說：「這兒長了些。」

當時我不太明白。因為在我的印象中，沒明顯的差別。

後來，我找到那本畫冊對證，最初無法分別，因為贋品模仿原作老虎的形態、身上的班紋、虎背的厚實感以及楊善深的落款字跡、印章等等，都幾可亂真。

偽畫傳奇

楊善深的畫被人從畫冊照抄作偽，並不覺得出奇；另一樁假畫事件，才是怪事呢。楊善深說有一次，龍門酒家的老闆梁國權退休後，對收藏古董書畫有興趣，也開始收藏。有一次，請楊善深鑑別一幅畫，梁老闆說是某先生介紹給他。他看到那幅假冒高劍父的四君子，當堂一怔；不能說是真跡，也不可說是贗品。因為經紀與梁國權都是他的老朋友。說是真或假，都會令任何一方蒙受損失。他只可支吾以對。

「如何肯定該幅畫是假的？」在座的一位畫家問。

「因為該幅原作在我手上。」

楊善深說高劍父的原畫在他手上，乍聽似是講笑話，但卻是絕對可相信的。他年青時在廣州，常與高劍父同遊，並且常在高劍父的畫室一起作畫。

有一年，楊善深假座九龍旺角彌敦道，瓊華酒樓與皇上皇臘味店之間，一幢唐樓的三樓，名為遠東小學的校舍，舉辦紀念高劍父（？歲）冥壽的畫展，五十幅高劍父的精品，全部都是楊善深的藏品。這次畫展，並不公開，只招待少數文化藝術界朋友參觀。而且只是展出大半天：晨早幫他一起懸掛，晚間即收畫。

他說，我可能看過經紀介紹給梁老闆那幅高劍父的四君子原作，因為那作品也在畫展中展出，而且唯一的一幅。但事過境遷，我已無印象。因為該幅作品首次公開，那做假畫的人，必定是那天楊善深所招待的賓客其中一位。

「你猜，可能是誰做的？」我問。

他沒有正面回答，只是淡然微笑一下，顯示心中有數的神態。

非致富門徑

另一次假畫的閱歷，是在這位梁老闆家裏。他約陳棪文，說有經紀介紹一幅張大千的荷花給他，請他幫眼鑑別真偽，陳棪文邀我一起前往。

我們抵達梁老闆家裏。他拿出一幅立軸，在長桌上慢慢的舒展開，才開始見着那朵荷花，我和陳棪文即懷疑是贋品：及至展現整幅，我們更肯定是偽作。因為張大千是現代畫家，他的畫曾在香港的藝術館或大會堂多次展出過，他的畫冊也很多，是喜愛藝術者很熟悉的畫家，他的技法也是大家熟悉的。因而對其畫作是真是假，不難識別。

首先，這幅偽作，高高的擎舉在那畢直的莖上的荷花，線條呆木，顯示出作畫的人，唯恐失真，一筆一畫，都是小心翼翼：荷莖更是像依傍着間尺畫成，畢直，黑而實。荷葉似膠片，是非常拙劣的假冒，無需專業鑑賞家如陳棪文和我，都敢肯定是假畫。不過，水準這麼低劣卻是出乎意料。

精明的經紀，自然知道什麼樣水準的畫，向什麼樣的藏家推銷。

民間的藝術愛好者，對某畫家的作品特別喜愛，收而藏之，以便隨時可以欣賞，這無可厚非。若然像有些人所說，藝術品是新興的投資致富門徑，那就要小心，隨時會高價買着假貨。

後面有些例子，專家也跌眼鏡。

收藏書畫，是一門高深的學問，對美術史固然要熟，對歷代繪畫技法發展，印章源流，紙張、印色、用墨……都要精通。

就算已具備了這些條件，也未必是保證。畢竟個人的學識有限。以美術館來說，這方面的專家肯定不少。在鑑別展品時，必定集專家所長而對一項展品作判斷，不可能是贋品才展覽，但也有例外。

贋品登堂入室

有一年，香港藝術館舉辦「敏求精舍藏品展」。敏求精舍是一個民間社團，從名字猜想，似乎是佛教或道教背景的文化團體。這次由香港藝術館主辦其藏品展覽，展品豐富。記憶中，有幾十件展品，多是明清畫家作品。

一個民間文化團體能收藏到這麼多古代書畫家的作品，必非朝夕的事；在收藏的過程中，可能不止一次、也非只由三兩專家鑑別而決定，照理，收藏到偽畫的可能性很低。而這次由香港藝術館主辦藏品展，事前也必有一番嚴格的揀選和再鑑定，可確保所有展出的書畫皆是原作。

在展出期間，有一天我往參觀時，剛好遇見鄭家鎮在場。他大概準備離去，看見我，他引導我走到一塊展板前，上面是幾幅八大山人的冊頁山水。

「八大這幾幅冊頁，全是假的！」他悄聲的對我說。

我正想向他請教如何辨別其真假，但他趕着返報館，說完就匆忙離去；事實上，展覽館很靜，不宜交談。只可待見面再說。

我們雖然同在編輯部工作，由於彼此的工作時間不同，難得見面。

在藝術館主辦的展覽中，竟然也有贗品，大概會出人意料；不過，這可說明鑑別書畫真偽之難度，並非有這方面的知識、經驗，就能保證。

或者會疑問：難道鄭家鎮就一定看得準？我深信，是！

鄭家鎮，可以說香港文藝界沒有誰不認識他，大家都知道他的書法和繪畫以及漫畫造詣極深。但是，他還是一位藏而不露的古畫收藏家，卻是鮮為人知。

獅子山雅集

約一九六四年，由《星島晚報》總編輯唐碧川，紅寶石酒樓經理詹誠，《快報》

總編輯酈蔭泉，以及書畫家楊善深、張韶石、周公理等發起的「獅子山雅集」，在紅寶石酒樓舉行；由發起人邀請藝文界朋友參加。楊善深帶同我出席的首次雅集，約廿餘人。我在座的那一席，有十二人，其中一位賓客，各位書畫家稱他為「郭老闆」。

郭老闆高瘦，戴銀邊眼鏡，很健談。他在上環荷李活道經營古董公司，雖然並非書畫家，但常為他們介紹客戶，所以與大家很熟絡。

「郭老闆，上月買了個明青花瓷碗？」席間一位書畫家問，展開了書畫買賣話題。

「你從哪裏聽到的消息呀？」

「報紙這麼說，」書畫家續說，「本港一位姓郭的古董商，在倫敦一間拍賣行，擊敗國際對手，高價奪得一個明青花瓷碗，不是你老郭，會是誰？」

「我也看過那新聞，」郭老闆說，「不過，此郭不同彼郭，我們是豆丁生意，那有這麼大本錢買這麼高格瓷器。」他想了想，又說：「可能你記錯了。我記得，報上似乎說是姓葛的。」

「或者你說的對，『郭』，『葛』音近，可能我記錯。」他是姓余的書法家，是郭老闆的中學同學。「那麼，《晴嵐映翠圖》下文如何？放了嗎？」

「差點成交，」郭老闆說，「那位台灣來的客戶代表，臨門一腳，吹了。」

郭老闆講得興起，生意做不成，毫無惋惜之意，反而有意外之得而高興似的。「我跟隨一些老行尊鑑別書畫，從未有過如這位台灣人的學識和經驗，令我大開眼界，得益非淺。」

各位對郭老闆不為生意成敗得失的反應，很感興趣，都想聽他的故事。

郭老闆的故事

郭老闆講他的故事。年前，他有一位行船的堂兄弟，從上海帶來一幅古畫。那是一位家道中落的富有人家，知道他有位兄弟在香港做古董生意，因而委託他把畫帶到香港，在海外找買家；這就是董源的《晴嵐映翠圖》。

郭老闆從堂兄弟手上接過這幅畫後，曾約同余書法家觀賞，一同鑑定、研究，兩人都認為這是董源的《晴嵐映翠圖》，無可疑。

郭老闆聯絡了他紐約的客戶，提供了資料，對方對這幅畫很感興趣，價錢也接近他們的預算。

郭老闆再請專家拍攝了精細的圖片，提供了進一步的資料。客戶對郭老闆的資料，並無疑問。只待他們的代表到香港來，看過實物，再作決定。

這位代表是台灣人。之前，這人曾代表他們的公司，為郭老闆鑑定過包括宋代畫家黃居宷、李安忠，以及石濤、王原祁、龔賢、任伯年……等明清畫家的作品，並成功賣出。所以，洽購董源的《晴嵐映翠圖》，若非在鑑別方面已有定案，無須派代表來作實物的鑑證；郭老闆樂觀的推想，不無道理。

今次客戶的代表，除了台灣人，尚有一位美國人同行。他們此行的業務，鑑定董源的《晴嵐映翠圖》的真偽，只是其中之一，但列為首要任務。

他們帶來了兩件儀器，經過詳細的檢驗，台灣人有些猶疑，稱需再作考慮。

054 古人造假古畫

郭老闆說，這位台灣來的客戶代表，精通東方文化藝術，尤其是中國的藝術史。他是該公司東方文物部門的副主管，精通鑑別古書畫，也認識一些偽造古書畫的高手，熟悉他們作偽的流程。他們如何把一幅新的宣紙製作成看似古代的產品，他也知道。

今次他帶來的兩件儀器，郭老闆說，並非很特別；其中一個似Rore flex的箱形攝影機，放在測試的物體上，即時通過另一個儀器放大投射到銀幕上。用在測試書畫，該儀器可把色調與畫紙分離，從而觀測到紙的紋理結構，可以判斷哪個年代的產品。他測試《晴嵐映翠圖》的時候，與帶來歷代的國畫用紙製作資料對照，他表示《晴嵐映翠圖》的用紙似乎不是南唐五代時期的產品，似是明末清初期間產製的綿連紙；若然這個假定不錯，那可以初步推算為明朝的無名畫家所作，而非五代時期畫家董源的原作。

「不過，這只是假設，難以作真。」台灣客說。

「他作了這一項測試之後，」郭老闆說：「他拍攝了畫面上的流泉和山石，然後說：我再研究研究，過兩天再來拜訪你，再作決定。」

「若果台灣人鑑定的不錯，」郭老闆說，「那麼，偽造古畫圖利，不只是現代人，古人也造假古畫。」

055 假的為什麼不是真的

郭老闆對這宗生意成與否，無關要緊，也在他意料中。他忽然把話題一轉，問大家：「各位大畫家，知不知道，你們作畫常用的斧劈皴是誰創的嗎？」

大家不想到他忽然提出這問題，一時無語。半刻，才有人答：「會是董源嗎？」

郭老品搖搖頭：「你們不知道？台灣客知得很清楚。」接着，詳細講述台灣客鑑別了《晴嵐映翠圖》的結論。

台灣客再來，告知郭老闆幾項重大的疑點：

「中國美術史關於董源現存的作品項目，沒有《晴嵐映翠圖》的記載，也沒有什麼旁證資料足以證明這是一幅同名的作品；不過，美術史沒有記載，並不等於董源沒有寫過這項目的作品。畢竟董源是南唐五代時人，距今年代久遠，美術史難免也有疏漏。

「從用紙的分析，我認為紙的肌理結構密度，似是明末清初的產品：綿連紙，不可能是南唐五代的製品；因此，我的意見，繪畫這幅《晴嵐映翠圖》的人，可能是這時期的無名畫家，不可能是五代的。這點或者可以有再討論的餘地。

「在我親眼所看過董源的原作品，如：《瀟湘圖》、《洞天山堂圖》、《寒林重汀圖》……等十多件作品，董源全都以絲絹繪畫，可以斷定董源的畫實際上只繪在絹上，絕不可能繪在紙上。

「最大的疑點是在於技法上斧劈皴的運用；斧劈皴是南宋人（一一二七至一二七九）馬遠所創，而董源是南唐五代人（九三七至九七六），兩人生存的年代相距兩三百年。即是說，在董源生前並未有斧劈皴，斧劈皴絕不可能出現在董源的作品上。所以如這幅《晴嵐映翠圖》（說至此，把《晴嵐映翠圖》及有關圖片，映在銀幕上，對比着說）這是董源原作中的山石，是用披麻皴（按：披麻皴是董源所創）繪畫，而《晴嵐映翠圖》的石頭，卻以斧劈皴所繪。

「從這幾個疑點分析的結論，我認為這幅《晴嵐映翠圖》不是董源的作品。所以我不可能代表我公司接受這幅《晴嵐映翠圖》……。

郭老闆講完台灣客鑑別《晴嵐映翠圖》的經過，講他的「得失」：「做生意，不可能完全成功，一單生意，談到七七八八，客人說『不合』，這是很平常的事。但像這位台灣客，這樣敬業、誠懇，卻是萬中無一。我知幾位行家，也與這位台灣客有生意來往，大家都稱讚他的作風。

「這次大家都有付出，最後做不成這筆生意，對他來說，是損失；對我來說，不以為這筆生意做不成，有什麼損失。反而因為這個機會，得到意想不到的知識和經驗。

「或者可以說：失了生意，卻賺了知識。」這是郭老闆的結論。

席間各位畫家都佩服台灣客的分析，也讚賞他為人的忠厚；都認為這些經驗，不是從學院或書本上可學得到，這是他的學問與工作實踐相結合的成果。

056 訪客的目的

編「文化版」，不時有陌生客到訪，一般以畫家居多，音樂家則較少；因為畫家要籌備一項活動，只能個人親力親為——從畫畫到開畫展，都可以一人為之；除了那些坐在街邊或商場門口，自彈自唱以引知音人投下幾個錢的演奏家外；大多數音樂家要籌備演出，例如安排場地及售票，一般都有商業機構合辦，所有宣傳事宜，無須操心。

到訪的畫家，可能較少參與群體活動，需在宣傳方面尋求協助，才親自跑到報社來。而他們見我的主要目的是為畫展宣傳。但是間中有個別畫家，他們要見我，卻是有很奇怪的目的。

如這位被畫家們稱呼為 Tango 王的畫家，是一個例子。

要記述這畫家的事，就要先記下會面的大概日期。

約是一九八八年夏天某日，我很晚才返報館，接線生 Anne 告訴我：有位姓黃的畫家想見你；同來的似是他太太。他們等候了差不多兩小時，問了你的上班時間，便告辭；我告訴他，你下午兩點後一般必在，今天可能出外工作。他說改天再來。

第二天下午差不多三時，我回到報館，即見他們已在等着我。

「他們十二點鐘已來到了。」Anne 說。

「閣下是譚編輯嗎？」他們站起身。

我點頭：「請坐，」

「他是畫家黃世裕，」她說，遞給我他的名片，續說，「我是他太太。」

黃畫家似乎不善言談，態度有些拘謹。吶吶地說：「譚……譚編輯……你好。」

我說：「抱歉，要你們等了這麼久；有什麼事要幫忙嗎？」

黃太打開一個大封套，取出幾幅照片，全是肖像畫。

「這些是世裕畫的肖像，」黃太說，「想請譚編輯，可不可以在文化版專題介紹？」

我看着畫片，一邊問：「黃先生準備開個展嗎？」

「暫時未有計劃開畫展。」黃太說。

我有些意外。因為畫家都是為畫展宣傳而來。像這位畫家太太，提出非一般的要求；相談之下，原來別有目的。

審美觀的差異

我看着名片，思索片刻；「黃世裕」，名字有些熟悉，但不能肯定是否認識。再望望他倆：黃畫家高瘦身材，眼大，但無神彩。他的太太比他略矮，面頰飽滿，聲柔略帶外省口音。她似乎代行了黃畫家的一切主意；我們在談論間，黃畫家只有間中點頭，「是……是」的回應。

黃太把照片給我，細看之後，我忽然想起：原來這位黃世裕，就是畫家們所稱的「Tango 王」。

一九六〇年代初，Tango 王曾在九龍尖沙咀一間酒店的商場開設小型畫廊，展銷他的作品。我到九龍辨事，間中也去參觀。在那個年代，香港的畫家以畫國畫比較多，西畫比較少；尤其是肖像，畫得好的除了前輩如伍步雲、黃潮寬、陳海鷹、馬家寶、梁蔭本、李旭丹、李鎏丹……等幾位之外，年青一輩畫家大多數是他們的學生，畫技尚在起步階段。而黃畫家卻相當成熟。他的人物以貴婦及淑女為主，其審美觀，用當年的術語，是十分「小資產階級」趣味。當年的文藝思潮，無論文學或繪畫，都深受蘇聯及國內的「社會主義現實主義」文藝思想影響；認為文藝要為勞動人民服務，反映勞動人民生活，描繪典型的勞動人民形象。所以大多數畫家筆下的人像，以工人、貧苦大眾如苦力或拾荒者等為時尚。

文藝觀不同，難以相處和交流，甚至相互排斥、輕視；我間中也跟一些畫家去寫生或聚會閒談，他們當中有些認識 Tango 王，談起他，總是有些不以為然，甚至以輕蔑的態度批評他。至於黃世裕如何被稱為「Tango 王」，卻無人可以解釋；或許因為他擅於跳 Tango 吧，否則，別無解釋。

畢卡索與 Tango 王

黃太太希望我在文化版專題介紹王世裕的作品，並非為畫展宣傳，那就會成為純是吹捧的公關文章了。

「如果黃先生舉辦畫展，文化版可以刊登消息和作品圖片，向觀眾介紹；若非為此，我們不可能為個別畫家作專題介紹。」我說，「不過，我們可以刊登他的圖片，讀者同樣可以欣賞到黃先生的作品。」

她點頭，「我明白，不過……」她從大手抽裏取出一個大封套，慢慢取出一幅裝裱得很精美的照片，一邊說：「去年（即一九八七年），我們去法國，獲大畫家畢卡索接見，並和我們合照了這幅相片……。」

我接過照片：放大成 10 x 12，雙卡裝裱成 12 x 16 吋，可見珍重。

「如果與這幅照片一起刊登，譚編輯的意思怎樣？」她說，其實，這才是她的主要目的。「畢卡索說，他從未接見過中國尤其是香港畫家，……」

「畢卡索有沒有傳授一些寶貴經驗，值得介紹給香港的畫家？」我看着照片上的畢卡索，有些奇怪的感覺，思索着，一邊說。「我們會面的時間很短，沒有機會向他請益，」黃太說，「不過，他花了相當時間，仔細的觀看世裕的畫片……」「他有什麼意見？」「他很讚賞世裕的畫，說他畫得很好。」黃太說，Tango 王附和着：「是……是……他……畢卡索讚我畫得……好好。」

我終於想起一件事：

我曾經負責處理過一項有關畢卡索的業務，使我剎那間覺得 Tango 王夫婦的故事，難以置信。

Tango 王與畢卡索

一九七三年，我尚在香港世界出版社任編輯。那年畢卡索逝世，成了世界大新聞。星洲世界書局編輯部同事送來一本法文書，請我在香港找人盡快翻譯成中文出版。當年，懂英文的朋友多，能翻譯法文的卻甚少，好不容易，一位在報館翻譯外電的朋友，代我完成了這任務：《畢卡索和他的情人》。乘着畢卡索死訊引起的熱潮，為這本作品帶來很好的銷路。

所以，記得：畢卡索逝世於一九七三年。

如今，眼前的Tango王夫婦，說去年（即一九八七年）在法國獲畢卡索接見，豈非神話？

還不止此，他們站在畢卡索後面，與畢卡索合照，那豈是畢卡索本人？非也！那是……

畢卡索的臘像呀！

退稿

一位作家前輩在一篇貼文中，憶及當年為作品找出路時令他慨歎的事。他沒有提及是何時，猜想可能是他年青時期；或者是上世紀的六十年代，若不錯，他的經歷正是當年一般文藝青年普遍的遭遇。

前輩說，他寫了一本（篇）小說，拿給《新報》老闆羅斌，羅斌看後，覺得不錯，適合在《新報》發表；他把稿件交給一位編輯，前輩等了很久，毫無音訊，查問，原來該編輯拒絕刊登。前輩慨歎道：「上有政策，下有對策！」（大意）

這裏顯露一個問題。近年不時聽到有些傳媒界老闆（或管理層），被批評干涉編輯的自主權，如果將這問題帶回六十年代，羅斌不失為一個開明的傳媒老闆，他沒有強要編輯採用他提供的稿件，即是說他不干涉編輯的自主權。

上世紀六十年代，香港有近廿份報紙，大多有小說版，刊登長篇小說連載；一個版面，分成多個框框，由編輯的作家朋友分別佔據。讀者每日掀開報紙，所見的都是那些作家。日日如是，月月如是。新進作家想涉足其間，實在難於登天。如果寫散文、雜感、小品或短篇小說，機會較多。因為有幾份日報或晚報，除了有長篇連載小說版之外，還有其他副刊，並公開接受讀者投稿。

前輩寫的可能是長篇小說，在那個年代，長篇作品要找出路不易，可想而知。問題是那位編輯，稿件採用與否，雖是他的權力，但對作家理應尊重；不接納，應盡快向作者交代，讓作家另找機會。像這樣的編輯處事態度，在那年代的報界，並不罕見。當我也是「文藝青年」的年代，就聽過不少同輩的怨聲。

本來，羅斌的傳媒機構，不止出版報紙，還有幾種雜誌，更為人樂道的是他的一間出版社，出版許多小說，捧紅了多位作家。尤其著名的是，他首創「三毫子」一本小說（似乎是每星期一本）；照理，這有別於報紙的副刊，可由編輯幾位朋友包辦。這需要多方面的稿件供應，才能維持定期出版。其機構內的編輯當不止一個，前輩卻碰着那一位，或者可說他不夠運吧。

寫作路上，我相信運氣也是一個因素；可以說，憑着夠運，我幾十年的投稿經歷，從未被退過稿。唯一例外的一次是，一九八五年我寫了〈論呂壽琨與水墨畫運動〉，文長七千多字，投給《星島日報．星辰版》，不及一星期，就退了回來；我轉投到《明報》，該報三天後就以「特稿」分兩天發表了。

輯八 金玉其外

——呂壽琨與水墨畫運動

呂壽琨博覽群書

由於工作關係，我接觸過許多傳統國畫家，也曾跟他們談論過呂壽琨及他所倡導的現代水墨畫。他們一般都十分鄙視他，指他「不學無術，一塌糊塗」。這樣的批評，顯然對呂壽琨不了解。

六十年代初期，呂壽琨在香港中文大學校外課程開設現代水墨畫班，帶起了現代水墨畫運動；譽他為現代水墨畫的創始者，並不過譽。但他預言：「創建性的水墨畫在世界藝術和香港今日藝術發展中，將來明顯的佔盡優勢。」則過於自信；在香港，除了他們那小圈子外，藝術界普遍都不把現代水墨畫放在眼內，如何能「在世界藝術」中「佔盡優勢」？不過在他有生之年，的確憑藉他的社會地位，締造過燦爛的「水墨的年代」。但「人走茶涼」，雖有門生秉承遺志，舉辦展覽，但畢竟大多數作品只見水墨淋漓，令觀眾如看一張張裱牆紙，除了畫家本人，有誰能明白其中表達了什麼高深的哲理（他們的捧場文章所言）？

所以，現代水墨云乎哉，只是小圈子內互相吹捧，共同陶醉而已。

當年呂壽琨授課，我也曾去聽課。他博覽群書，而且記性很好，每堂課在一個多小時中，他無須看講稿。事實上他也不備講稿，引經據典，絕不含糊。他精研傳統技法，所以在講課時，頻向台下挑戰：「誰能在某家某法上比得過我！」而台下擠得水泄不通，眾多學員當中，不少對傳統國畫都有相當認識，但無人敢接受他的挑戰。

不少傳統國畫家指他「不學無術」，顯然對他不了解。相反，他猛烈的批評傳統的國畫及畫家，把他們說得一文不值，卻是句句入肉。

他說：「國畫普遍所表現的無能、腐化、混亂、與投機，真可以說是一塌糊塗，」這樣說，言過其實。不過，他所譏諷的：「任何人都可以搖身一變而成國畫家。」這句話用以形容他所提倡的現代水墨畫家，卻是非常恰當；在當今各類畫種當中，唯有學現代水墨最易搖身一變而成為現代水墨畫家。

呂壽琨評國畫家

呂壽琨當年批評傳統國畫界的一些陋習，如「國畫的表現當時（指一九五六年間）絕不談畫理，技法亦多重複抄襲……」。

這使我想起水彩畫家靳微天講他跟趙少昂學畫的故事：他去上課的第一天，老師拿幅畫稿給他臨摹，是一隻小鳥面向左方站在樹枝上。他把小鳥改變方向，面向右方站在原來的樹枝上，老師說不可以改動，要照足畫稿畫。

這樣的教畫方法，並不止於當年，許多傳統國畫家至今仍普遍如此。這是國畫「傳移摹寫」的基本授畫方法。可以說，不少國畫家都是經此修習技法而成功，所以「重複抄襲」只是一個階段的學習過程，並非最終目的。

事實上每位老師都只是教導學生熟習描繪物象的方法，而非教導他們如何成為畫家，這是無可厚非的。

呂壽琨又指：「學生寫一筆，老師加百筆，以示天才，訂寫行貨，簽自己名以供畫展之用；三兩筆蘭竹而倩題錄以增身價……千萬學徒臨一人畫稿而言教，油印畫稿交學生填色以求速成，千篇一律，年年如此，在這些人心眼中，藝術無標準，亦無所謂是非……」

呂壽琨這裏所指的，如「三兩筆蘭竹而倩題錄以增身價」是事實；這點，近來一位前輩也曾在網上一篇貼文中批評過。至於「千萬學徒臨一人畫稿」，中國繪畫藝術之有如今的百花齊放，在世界藝壇大放異彩，是歷代許多畫家都曾將其心得傳授予後輩，一代一代不斷承傳所作的貢獻，也因此，藝術才能延續發展；所謂各師各法，「千萬學徒臨一人畫稿」最終都是讓千萬學生受益，有什麼不對？反之，你呂壽琨才登上講台，什麼成績也未有，憑什麼可以否認前人的經驗？

他批評傳統國畫家「心眼中，藝術無標準，亦無所謂是非……」這對他倡導的現代水墨畫而言，倒是事實。相反，傳統畫家的藝術標準和是非觀念是非常清晰的。經常觀賞國畫展，就會感受到每位畫家都各有不同的藝術標準和理念；因為他們的作品都是生動的形象構成，而一切藝術標準都必由形象襯托、彰顯，才能傳達予觀眾，觀眾從不同的藝術象形，從而分別出每個畫家的不同藝術標準。而現代水墨畫，只是淋漓的墨漬，毫無形象可言，藝術標準憑什麼顯示出來？

呂壽琨狂妄自大

呂壽琨除了在授畫方法上非議傳統國畫家之外，對那些教授外國人學國畫的畫家，也極端的挖苦：「當時，約在一九五六年，凡是跟隨國畫老師寫到升堂入室而無畫可寫者，就轉學西洋畫，造成國畫在級數上不知要比西洋畫低多少級。鄙視國畫的觀念，在西洋畫家眼中的國畫，除了為應付西人而設，或希望收多幾位中國畫的轉學生外，根本就視若無物。」

又說：「有史以來，海外教中國書畫的對象多屬外國人，故教學水準不高。」這是對從事中西文化交流的藝術家的侮辱和誣衊，無視他們傳播中華文化的貢獻和成就。憑什麼根據，在「海外」教外國人學中國書畫就「教學水準不高」？他所指的「海外」，是否中國大陸以外，意指香港？他每批評一種現象，總是模稜兩可，不提出實例，語意含糊，甚至自相矛盾。

在香港，就我所知，山水畫家梁伯譽、關應良，花鳥畫家唐鴻、周世聰等國畫家，都有日本人追隨，而水準也不錯。有時參觀一些師生國畫展，也有外籍學生的作品，且不說水準如何，但反映出老師的盡心盡力，教導他們掌握了一定的傳統畫理知識和筆墨，讓他們可以此為起點，發展自己的路向。

呂壽琨所指跟國畫老師「寫到無畫可寫」，「就轉學西洋畫」，這是他對現實的無知。事實是許多西畫家覺得已難以突破，或是認識到國畫多樣性的技法，可繁可簡的創造引進入勝的意境，尺幅可容千里。這是西畫難以做到，因而轉學國畫，或是企圖引進國畫技法以豐富西畫的表現力。這樣的例子多得很。

一九六八年，楊善深的學生籌組「春風畫會」，我負責起草會章及整理會員資料，發覺在幾十位會員當中，大半都曾學西畫；如曾志鎏是余本的學生，陳棪文師從伍步雲，王子分是黃潮寬的學生……。其他如跟隨過李秉、馬家寶、陳福善或香港美專、或其他私人畫室學西畫而後轉學國畫的例子很多很多。這是呂壽琨難以想像到的。

呂壽琨還盲目地說：「就我所識之千百位國畫家中已不知筆墨、特別指明是屬於傳統骨法用筆的筆墨。」

遠的且不說，就與他同時代的畫家如黃般若、鄭家鎮、梁伯譽、趙少昂、楊善深、張韶石、鮑少游、司徒奇、關應良……他們的作品，藝術界向有好評，說「傳統骨法用筆的筆墨」，他們都在他之上。呂壽琨雖熟習傳統技法，但作品的水準如何，是另一回事；正如能寫千百字，熟識一切語法，也未必能寫出好的文章。呂壽琨以傳統筆墨寫過一些香港山水，若與梁伯譽以傳統水墨寫的沙田山水相比，真是不可同日而語；他有一幅描寫柴灣道的作品，左邊山坡上的木屋，右邊一座錐形的山，寫得都很真實；只是證明他能以傳統筆墨寫山水而已，不覺得是高水準的作品，可以說有技術而無藝術。且引用石濤和尚的畫語形容之：

> 譬如方隅中有山焉，有峰焉，斯人也，得之一山，始終圖之；得之一峰，始終不變。是山也，是峰也，轉使脫瓠雕鑿於斯人之手，可乎不可乎？且也形勢不變，徒知鞹皴之皮毛；畫法不變，徒知形勢之拘泥；蒙養不齊，徒知山川之結列……
>
> ——《石濤畫語錄．運腕章第六》

至於他的學生的現代水墨，更無「骨法用筆」可言，只能以不知所謂形容之。

呂壽琨的水墨年代

呂壽琨當年在香港中文大學校外課程講授現代水墨畫時，並沒有講稿，後來，他的一位學生，根據講課時的錄音，整理編成單行本，書名為：《水墨畫講》；本篇所引錄呂壽琨的言論，都是出自該書。

一九八五年，呂壽琨一群學生為紀念呂壽琨而在香港藝術中心舉辦名為「水墨的年代」的水墨畫展，畫展冠名為「水墨的年代」，是否意指這一小組人，代表了水墨畫界，壟斷了整個時代之意？客觀上，這是呂壽琨豪言壯語另外一面的詮釋。呂壽琨說：「創建性的水墨畫在世界藝術和香港今日藝術發展中，將來明顯的佔盡優勢。」事實的確如此；在呂壽琨有生之年，憑藉他的社會地位，締造過一個燦爛的「水墨的年代」。

在香港的藝文界，眾所周知，呂壽琨後來當了香港大會堂美術博物館（即今之香港藝術館）的名譽顧問。該館自一九六二年五月首次舉辦香港藝術展，以後每兩年舉辦一次，成了定期舉行的雙年展。到了呂壽琨當名譽顧問後的一屆，雖然例行公開向全港藝術界徵集作品，但是評審委員全部由他學生及朋友組成，結果可想而知；入選的作品，除了極少部分抽象的西畫之外，其他絕大部分，都是呂壽琨提倡的現代水墨畫。畫展公開舉行時，幾乎全是清一色水墨淋漓的現代水墨畫，傳統的國畫全被拒於門外，於是乎，呂壽琨就締造了他的燦爛的水墨的年代！

金玉其外一畫會

呂壽琨的學生組成「一畫會」，該會的定名，大概取意於石濤之言：「法於何立，立於一畫」，似乎有秉承石濤精神之意。

一九七九年舉行創會展，畫展前，有徐子雄在《文匯報．筆滙》上發表捧場文章；我參觀畫展後，也在該版發表了〈也談「一畫會」畫展〉。

該會會長在展出「前言」中說：

一畫會的路向，一方面基於香港獨特的地理環境，融會現代西方藝術思想，用水墨作媒介，從事新的創建；一方面是回歸傳統，而企圖從回歸之中，突破舊有的藩籬，開創一個水墨畫的新時代。

說得很得體、漂亮。

但觀其作品，是另一回事。所謂從回歸傳統之中，並突破舊有的藩籬，大概是指其中兩三位會員，他們以短筆觸或一點點的小點填滿畫面，雖然令觀眾看出來那是獅子山或什麼山水，這是填、而非寫；畫面只是充滿單調的小點或短筆觸，沒有線條，更無傳統水墨畫中最重要的皴法，如果這就是回歸了傳統，豈不是笑話？

所謂「融會現代西方藝術思想，用水墨作媒介，從事新的創建……」其中有位會員仿龔賢的皴擦技法；構圖則裁取自然界一小角，擴大成整個畫面，然後以素描技法中明灰暗調子的變化，渲染出焦點聚光的效果，然而，畫面雖大，實際是視野甚窄。這有如賀天健所說：「如果畫家沒有筆力的儲能，沒有懂中國畫重骨法和主客重心的道理，以西畫的畫法去做大畫，力量就支撐不住它的章法了。」

至於其他會員，有的以海綿、瓦通紙，或其他物品拓印製造非形象的肌理，或在揉皺浸濕的紙張上潑墨，根據定形添頭補尾。如此作畫，也算是「從回歸傳統『之後』突破舊有藩籬」？

呂壽琨及其徒弟們似乎很重視傳統，那麼，傳統究竟是什麼？

所謂傳統，我的理解是：大概是我國悠久的繪畫歷史，前人不斷對繪畫的形式、技法、精神的探索，所作有關經驗的總結、批評論述，以及畫家們實踐的表現。

根據文獻論述，傳統繪畫非常重視「寫」與「畫」，似乎未有誰説過像做勞作手工那麼樣以填、印等旁門左道的方法做畫。

前人説：

「畫梅，謂之寫梅，畫竹謂之寫竹，畫蘭謂之寫蘭。」

「寫根竹枝栽塊石，君子大人相繼出。」

「但寫蕭蕭竹韻寒。」

在繪畫的表現方面，傳統的言論，尤其以「筆」、「墨」，作為畫作品格高低之標準：

「古人用筆，意在筆先，」

「氣韻之生動，骨采之蒼秀全從乾筆中得來，善用乾筆則畫之能事思過半矣。」

「作畫第一論筆墨，……」

「用墨無他，惟在雅潔，潔淨自能活潑，涉筆而妙，存乎其人，……」

如果以這些見解，用傳統精神的標準來量度，一畫會那些現代水墨作品的，對比起來就顯得他們一無是處；畫既非寫、畫而成，自無神來之筆，只見小黑點堆砌的乾巴巴山水，何來「氣韻生動」可言？南齊謝赫此言，向來是評價傳統繪畫的最佳標準。

066 回歸傳統？

一畫會會長說他們回歸傳統而又突破傳統，另有所創建，這是脫離現實的空想。因為回歸傳統，首先是回歸現實；綜觀我國的水墨畫，其現實世界是確實的，宏偉的，人人都容易理解的。畫家們都是努力去探索、表現博大精深的大自然，正因為我國大地之可愛，令黃賓虹讚嘆道：「中華大地，無山不美，無水不秀。」為要更好的表現大自然，所以石濤和尚要「搜盡奇峰打草稿」。

前人各有不同的研究、體驗，創造出多種多樣的技法，形成源遠流長的寶貴傳統，值得我們繼承、發揮。但呂壽琨及徒弟們，返其道而行，欲以「現代化」而代之，如此，回歸的是什麼樣的傳統？「創建」的是什麼？相信他們也說不出。傳統的世界是非常現實的世界，畫家面對這多彩的世界，從中要如何去「創建」或想「創建」什麼，有前人寶貴的經驗可借鑑，無限的空間可供發揮。簡單的舉個例子：石濤、黃賓虹、高劍父，楊善深，黃君璧……等難以勝數的畫家，他們的作品中，各人有各人的世界，各有不同的風格，他們是真正在傳統中各有「突破」、各有不同的「創建」，其結果是讓觀眾欣賞到現實世界是多彩多樣的，令人喜悅的。

我們常見的「傳統」或「回歸傳統」或又「突破傳統」的繪畫，都是花草樹木，山石溪澗流泉，活現於紙上；讓我們感受到人居其間，怡然心悅。就算一草一木之微，也處處激發着人類嚮往大自然、熱愛其生生不息的情懷。觀眾面對傳統畫面上的世界，可以跟隨畫家神遊其中；坐在石頭上聽淙淙的泉聲，靜聽林間的鳥語，看野花在微風中輕柔地款擺……一切景物都足以洗滌心靈，令人心曠神怡。然而，現代水墨畫家們除了水漬墨暈，能給觀眾什麼？

傳統畫家為賞畫者揭示出生機蓬勃的自然界本質，非只為我們羅列一些空泛的山巒外貌。

呂壽琨的貢獻

呂壽琨譏諷所有畫家傳統學問修養不足，甚而刻薄的說全不懂，他的確踏實地在這方面下過一番功夫。他批評傳統畫家的教學方法，指他們「千萬學徒臨一人畫稿而言教」；他自己以身作則，以截然不同的理念教其現代水墨畫。

他早就準備「在國畫教學方面作一番改革」，因此他教學時，不採用一般學生臨摹老師畫稿的方法，強調自由表達，鼓勵獨創技法；確是國畫界所鮮見。

當時他的學生，不少都曾跟一些傳統國畫家學過畫。如今，經呂壽琨揭發他們老師的短處，而呂氏本人又採用新奇的教授方法，這些學生很容易對他的課程投入。

但是，呂壽琨當時在國畫教學的「改革」，其教學方法是否他「創立」的？說穿了，也不過原來如此。

呂壽琨雖然也指導學生用筆墨，臨摹古畫經典，其最終目標不在於繼承或發展，而僅為認識傳統技法的手段。他雖然譏諷其他畫家教學墨守繩規，其實，他們也是通過教授勾、勒、皴、擦、渲、染等基本傳統技法，作為教導學生對傳統的認識和繼承，而這是行之有效的方法。長久以來，沒有哪一種可以取代，呂壽琨也要在這方面指導學生，可見他無法否認傳統技法在現代水墨畫中仍然有功用。

呂壽琨在學生認識了傳統筆法的運用以後，提出來注重個性發揮、有創造性，才是他提倡現代水墨畫的最主要手段；其實，這是值得傳統畫家借鑑的。不過，呂壽琨為要達到目的，其中與傳統國畫的最大分別，就是傳統畫家憑一枝毛筆，就能表現世間一切事物；現實的名山大川，不可見的鬼神（南宋畫家梁楷畫鬼神著名）。但呂壽琨宣稱要「革毛筆的命」，那麼，用什麼作畫？他的主要概念，是以各種物料、不同的媒介代替毛筆，在紙上製造肌理，創造非形象的效果，以突顯其水墨畫的「現代性」。而這顯然也不是他在「用十餘年時間編訂此一系統（按：指其水墨畫）」的過程中，深思而有所「創建」的現代藝術教育理念。他主要是仿效瑞士的藝術教育家約翰．義庭創立的「包浩斯」造形原理。包浩斯原理中，關於材料造形的質感，是這樣說：

> 關於材料與材料質感之造形學習，其序曲就從木材、玻璃、纖維、樹皮、獸皮、金屬、石材類等各種各樣不同材料之詳細材料目錄開始……這些材料之性質只藉語言來理解，還不夠充分，必須使用這些材料實際地來造形，對它們的特性透過實際操作來理解。……

這種擴闊繪畫媒介使用的理論，呂壽琨將之運用於其水墨畫教學中，有明顯的效果。他還提倡印繪，這卻是一般小學圖畫堂常用的方法，我們看兒童畫，常以樹葉、通心粉等物料或薯刻拓印等方法創製作品。所不同之處，兒童用廣告顏料印，而現代水墨畫則用水墨印而已。

試想，用各種物料在紙上做成大面積、非筆墨皴法所能達致的效果，畫面的形象性就相對減弱，乃至全無，只餘下墨漬，這就是現代水墨的真面目。如此，呂壽琨向來強調的筆墨，實際只作添頭補尾之用，在水墨畫上可有可無。畫面上傳統筆墨消失，就無從強調傳統。但他和學生們強調，他們的現代水墨，就是「中國傳統的新精神」。但如前所述，畫面不用筆墨而以各種方法、物料去經營，那麼，傳統無據，如何顯示中國畫傳統的新精神？

以包浩斯的造形理念，用在布本的現代西畫創作上，有積極意義；香港最早（一九六〇年代初期）從事現代抽象畫活動的中元畫會，有十幾位畫家，他們當中部分會員就是以包浩斯的方法，製造抽象的肌理，舉行首次畫展時，令人耳目一新。但用在水墨、紙本的媒介上，就顯得格格不入；唯一的好處，就是容易做成大面積的偶然效果，很容易構成巨幅的水墨畫。一幅五六尺的作品，可能不用半天就完成；同等篇幅的畫面，如以傳統筆墨處理，恐怕不是一兩星期的事。所以，呂壽琨改革國畫教學的最大貢獻，就是在否定了傳統的功能之後另有所建樹：將繁複的傳統授畫，化解為簡單的兒童塗鴉的手法（真是「見與兒童鄰」矣——蘇東坡語），達至現代都市的速食式——甚而即食麵的效果。為一些急功近利，急於成名的人，提供另方面的選擇、出路。

只要你是寶

上世紀五十年代的香港，有美國機構曾資助一家出版社，出版一些南來文化人的作品；可能是用了綠色印刷的美鈔資助之故，因而有「綠背文學」之稱。不知呂壽琨是否因此得到啟發？且看他的一番夫子自道：

美國對於中國書畫的研究，時間苦短，過去人才欠缺而遠隔重洋，顯然不能深入研究。今後當取較為直接的途徑，直從中國入手和吸收人才，香港便成為據點之一。倘當權人士能認識此點，必須從速訓練人才，才可達至藝術的穩定而重要的地位。（《水墨畫講》）

從整段講話看，簡直不知所謂；何以見得美國藝術界沒有人才，對中國書畫未能深入研究？再者，難道香港沒有人才，一定只能「吸收」？只是他狂妄自大，孤立於自己的小圈子，對眾多香港藝術才俊視而不見，也因此而自覺未能達至「藝術的穩定」。更主要的是，他挖空心思，無非想把自己倡導的現代水墨畫佔個「重要的地位」而已：「第一，水墨畫在香港，目前不獨已成為中國繪畫的代表與主流，且已成為香港視覺藝術的代表與主流。」（水墨畫講）。

「今後……」這是主動替美國出主意，還是站在經紀的立場作此提議？由官方訓練人才，以討好美國，今後可「大把世界」？

藝術的傳播，豈有如裁縫做衣服，度身定做，客人就必定喜歡；這樣來博取美國人喜歡？呂壽琨大概和他訓練的學生們，曾經為此目的而努力過，但可惜不見成效。幾十年來，他的現代水墨畫並未因此而為美國藝術界垂青。他或許對美國的藝術發展「未能深入研究」，不知道他們的藝術家，對世界藝術的興起與發展非常敏感，對新興的藝術派別也很包容。如拉斐爾是義大利的著名畫家，他和他的學生對世界繪畫藝術影響深遠。其發展歷程，藝術史家分別有「拉斐爾派」、「前派」、

「後派」等稱謂。而拉斐爾前派（Pre-Raphaelites），因英國評論家John Ruskin（一八一九至一九〇〇；他從未到過美國）的評介，為美國一群藝術家關注，而傳揚於美國。同樣，其他如印象派，因畫展為藝術界受落而在美國蓬勃發展；並未曾如呂壽琨所想的那麼樣，要當權者「訓練人才」去滿足美國人，才能擠進美國藝壇。俗語說：「有麝自然香。」、「只要你是寶，不怕沒人採。」

呂壽琨雖然把傳統中國藝術掛在口邊，但實際上是以他倡導的現代水墨畫為本；而他的朋友則努力替他製造與論，企圖把他的現代水墨畫提高至中國的文人畫地位。要「吸收人才」？是傳統的還是現代的？他語焉不詳。但從他向來對傳統國畫家的鄙視，可以明白他的心思。

後記：本文寫作，曾參考下例資料：*The American Pre-Raphaelites*，參考扉頁內容簡介；*Late Raphael*，參考扉頁內容簡介；*Americans in Florence*，參考章節：*Sargent and the American Impressionists: World Impressionism-International Movement*，參考章節：*Impressionism in the United States: The Hudson River*

此人太謊謬

呂壽琨是博覽群書，知道藝術發展過程中汰劣存優的道理，也涉獵過一些外國先進的藝術教育理念。在當年存在缺點的傳統國畫界，提出興革，原本有積極意義。但他妄顧藝術發展的規律，漠視藝術漸變、發展的過程；忽視新的畫風興起，有其時代、思想背景的發酵過程，最後才在形式上引起更新。中外藝術發展史，清楚的顯示出這原理。而每一個時代的畫家群出現，總是在已有的藝術形式上有所突破；不能滿足固有的表現方法、經過改革、發展而益添姿彩。這樣的例子，在中外藝術發展史上，極為明顯。

假如以唐朝繪畫當中，山水畫從作為南北朝時期人物畫的背景裝飾、脫離、發展而成為獨立的畫種，出現了李思訓和王維等山水畫家群，作為一個起點來看，我國繪畫創作思想和藝術技巧的發展，在不同時代以及畫家群，都有所創新、提高，而不失該時代的特色。如李思訓以工細的青綠山水，其界畫中的亭台樓閣，影響了五代以及宋、元、明、清等工筆山水畫家，但他們卻又各有各的風格和面貌。各自表現出他們那時代的環境、社會生活、和不同的風格。至於近代或現代中國畫家的技法創新，更是多姿多彩。

可見同樣是在各具特色的繪畫中，畫家要表現他對世間事物的感受和理解，只有把所見、所想的一切，更完美的表現其具體的形象，而非像呂壽琨那麼樣以現代水墨或甚麼禪，把對象弄得面目全非才算「創建」。

在西洋繪畫史上，每一藝術流派的出現、變革，尤其使藝術形式各展繽紛。同是一片自然山野，或田園河溪，梵高的畫面充滿激情；符拉芒克奔放；塞尚冷靜地分析，欲把其組織還原為幾何體；莫內探索不同時間的陽光對景物的影響；秀拉更把光的色彩歸納為原色的斑點……儘管如此，他們描繪的景物，只有令觀眾覺得各有可愛、陶醉的特點。最奇妙者，儘管藝術形式繽紛，令人眼花撩亂，但觀眾並不覺得事物的本質有什麼不同。可見千種萬種藝術技巧，都無需相同，只有為藝術錦上添花。而並非如呂壽琨倡導的現代水墨畫那麼樣，把大自然描繪成破碎的草皮，變成墨漬，才算富有「創建性」。而這樣的水墨畫在香港，竟然「不獨已成為中國繪畫的代表與主流，且已成為香港視覺藝術的代表與主流。」（呂壽琨：《水墨畫講》）且不說中國的藝術界是否會讓呂壽琨和他的一小撮學生去代表他們，香港的視覺藝術界，普遍認為此人太荒謬。

禪從哪裏來

呂壽琨本人的禪畫，顯然也非悟道通禪的產品。

如果留意過出生於德國，後來入了法籍的抽象畫家哈同（Hans Hartung, 1904-1989）、荷蘭畫家杜庫寧（Willem De Kooning, 1904-1997），以及美國畫家克萊茵（Franz Kline, 1910-1962）等人的作品；尤其是克萊茵，會發覺呂壽琨在他的作品中尋到了他的「禪」，將他的作品擺在其間，何等似曾相識。克萊茵的作品，都是寬大的筆觸，簡潔的畫面，呂壽琨的水墨禪畫與之更相似。

從觀眾的角度來看，不論是呂壽琨本人的水墨禪畫也好，其徒弟們的現代水墨也好，其基礎只建立於呂壽琨薄弱的理論上，或是洋為中用而已，不見得有什麼真正的創建性。他們竟吹噓說自己是中國繪畫藝術的代表，中國水墨畫的先驅，世界水墨畫主流，真正是太荒謬矣！慶幸生活在自由世界，我們不必在專制下去思考、做任何工作。尤其是從事藝術創作，更加不受任何拘束，個人儘管可以任何形式去表達見解，自由評論，但不可隨意指斥別人，鄙視他人的經驗。

觀看呂壽琨以傳統筆墨寫的山水，反映他也曾多方面受益於傳統的前輩畫家；但他不如任何在藝術探索上真正有所創建的同道中人，以感恩、尊重、讚賞、包容之心，對待曾經相處、甚而從中得益的同道，反而毫不講理的奚落他們。像這樣的人，除了他之外，在中西繪畫史上，恐怕難以找到第二位。

中外藝術史上，無數在形式、畫風方面真正創建有成的畫家，都胸懷謙遜，尊重別人的成就，不會因為自己走出了傳統，而轉過身去漫罵固守傳統的同道中人。康定斯基、蒙特里安、畢卡索……他們走出了傳統，開拓了奇幻的抽象天地，但他們從沒有反過來非議仍在傳統園地耕耘的同行；印象派畫家從沒有非議巴比松派畫家不是。馬奈在印象派未成形之前，印象派要籌備畫展，邀請馬奈參展，他拒絕，但印象派畫家們並未因此而對這位前輩有任何微言，一如以往的尊重。塞尚未找到他自己的方向之前，他從臨摹古典主義諸前輩如普桑、德拉克洛亞的作品，因而得益不少；與莫內同遊，也得到許多經驗；與畢沙羅在一起，更直接得到他的教導……然後才創建出他獨特的風格，獲得傑出成就，成為現代繪畫之父，影響了二十世紀各種畫派如野獸派、立體主義、抽象主義、甚至現代雕塑、建築的發展。可是他不因此而有絲毫傲氣，對前輩或同時代的同行更無絲毫輕慢之心。

在香港，因工作上的關係，我有機會接觸過許多中西書畫家，如：楊善深、張韶石、鄭家鎮、周世聰、梁蔭本、陳海鷹、黃潮寬、何竹平、佘綿生、趙世光、關應良、余元佳、……或是藝術團體如香港中國美術會、香港美術會、香港畫家聯會、香港書畫研創會、香港現代美術研究會、香港水彩畫會、春風畫會、庚子畫會……眾多的會員，他們都是以尊重、或欣賞的態度談論同行的師友。像這樣的例子不勝枚舉。

呂壽琨畢竟也是經過傳統的人，瓢取些外國經驗，脫下傳統的外衣，裝飾過自己，改頭換面，便以為了不起；返過來罵盡同道中人，譏諷他們「不知傳統骨法用筆的筆墨」，「在這些人心眼中，藝術無標準，亦無所謂是非……」誣衊他們造成「國畫的級數不知要比西洋畫低多少級。」，說什麼「有史以來，海外教中國書畫的對象多屬外國人，故教學水準不高。」他並無舉出實例，空口說白話，這不只是荒謬，簡直是品格上的缺失。

輯九

鑪峰傳奇

——香港最長壽的文學團體

071 鑪峰傳奇

在香港所有文化社團當中，沒有那一個比鑪峰雅集更特別，甚而可以說更古怪；在未註冊成為法定註冊社團之前，它已存在、活動了三四十年。它沒有正式的發起人，更無會長、秘書，也沒有位址，更無銀行戶口，所以曾經有朋友想贊助一些活動經費也不可能，而且也不接受；來參加聚會的人堅持每次聚會的費用即時由大家分擔。不管出席的人數多少，不論天氣如何；只要經常茶敘的酒樓開門營業，就算是十號風球，必然有人在座。

誰有興趣參加，只要跟曾經參加過聚會的朋友一起就成。

每年春節後，舉行春節雅集聯歡，從最初的十多人，逐年增加至五六十。歷年曾經參加聚會的人士包括作家、書法家、畫家、園藝家、雞販、報刊記者、總編輯、導演、演員、聲樂家、指揮家、教師、校長、牙醫、中醫、西醫……等等。每次聚會，都令人難忘；有些朋友移居他方，若干年後回港旅遊探親，都會令人驚喜的前來星期日的茶敘或春節聯歡。

一九九九年是雅集成立四十年，舉行了「鑪峰雅集四十周年藝文展」。展出會員的著作、手稿、書法、國畫、水彩、油畫等等；二〇〇九年，雅集五十周年，再舉行「鑪峰雅集五十周年藝文展」。哪個社團可以相比？

零的起點

鑪峰雅集最初的參與者，本是不相識的一群，彼此神交已久，始終緣慳一面；也只是共同在報刊投稿的機緣，促成大家在一起。

約一九五三年，我開始在香港《文匯報‧彩色版》投稿，當時的編輯溫輝，對年青作者關懷備至，有時約到荷李活道的編輯部閒談，提意見和多方面鼓勵。那時在該版發表作品最多的是海辛，溫輝曾提議介紹我們認識，因時間問題，始終未能如願。

除了海辛之外，經常有作品在該版發表的，尚有韓思莽（韓中旋）、谷旭（林真）、徐亮（鄧仲燊）、麥秋適、呂達（李陽）、天可居士……等。

一九五六年，我開始在香港世界出版社任職，常與總編輯甘豐穗一起約稿和會見作家，因此跟海辛、舒巷城和韓中旋相識。有一天，海辛來編輯部交稿，他告訴我，一位朋友剛買了部新唱機和唱片，相約當晚前往他家裏試聽，他約我一起，並可介紹我認識他。

海辛等候我下班後，一起從中區干諾道中（我們的編輯部），漫步至西營盤正街的正心茶樓，那時已七時多，見一位男子正在執拾報紙雜誌，準備收市。他就是這個報紙檔的老闆。

當晚我們沒有去試聽他的新唱機，因為已是晚飯時間，沈思文提議一起飲茶；他常在收市後前往石塘咀的金陵酒家食晚飯；這晚上，我們就在那裏第一次敘會。如果說，鑪峰雅集有起點，這或許就是！

金陵夜話

自從第一次茶敘後，每星期差不多有兩三晚在金陵酒家。海辛那時在一電影公司當宣傳，下班後回家，經過干諾道中，常上來我們編輯部小坐一會，一起前往金陵酒家；沈思文已在座，他總是不讓我們付錢，每次都是他請客。

三人於金陵酒家夜敘，甘豐穗間中也參與，約兩月後才加多一個：尹沛玲，他在一間中學任教，業餘與海辛同跟一製片家學編劇。他與海辛是街坊，同住在金陵酒家附近。沈思文因為凌晨三四點鐘要取報紙，所以在金陵的夜茶總是十時前散會；但我們往往餘興未盡，有時還繼續漫步至尹沛玲家裏，或西環的海傍聊至深夜。

我們無所不談，從天下大事，以至生活小事，但更多的是文藝問題；朋友們見報的作品，作家動態，讀書心得……鱸峰雅集日後的聚會，基本上也是這樣；茶市打烊了，話題仍沒完沒了，因此又到咖啡店續談。如此，當日的金陵夜話，豈不是鱸峰雅集的雛型？

074 偶遇

一九五三年，我在自學出版社工作，當時出版的《自學月刊》，銷路好，但忽然停刊，各界人士都深感奇怪；所有報刊只因銷路不好才可能停辦，哪有大受廣大讀者歡迎，有錢賺而停刊？這個謎，直到五十多年後，我移居加拿大，有一天，忽然接到當年該月刊的老編的電話；我們已幾十年沒有聯絡，那天他到多倫多旅行，打聽到我在此，因此致電找到我。在一小時多的談話將要結束時，他忽然提及當年《自學月刊》為何突然要停刊一事：因受到某方干擾，不得已才被迫停刊。

我離開自學月刊，顧鴻仍在主理其他出版業務；當初是他邀我進自學出版社。我離開自學以後兩三年，彼此沒聯繫。此後我進香港世界出版社，與此同時聽說自學出版社也結束了。再聽到顧鴻的音訊時，已是他自己創辦了晨風出版社，社址在皇后大道中與文咸街交界的一間獨立閣樓，其出版路線跟自學出版社大同小異。他不知道我在世界出版社，有一天忽然在街上相遇，邀我探訪他們。

「有一位朋友，可能你認識。」他說。

「誰？」我問。事實上我認識的人不多。

他是個很愛開玩笑的人，不回答我，把話題轉個彎，說：「他認識你……到時，你就知！」

那天我們在附近不同的食店各自午膳後，各自返回出版社；不期然的在街上相遇，因此跟隨他回去。見着他唯一的夥伴正在包紮書籍。「老韓，帶了個朋友來見你。」顧鴻說。我們素未謀面，但馬上可互道姓名；因在彩色版上早已相識。

廣州夜敘

在未會見韓中旋之前，除了在彩色版上讀過他的詩，留有印象之外，也曾聽甘豐穗提及他；他和韓中旋是同鄉，知道他在一位同鄉的商店工作。甘豐穗本想約我與韓中旋一敘，但意想不到的，我這天偶遇顧鴻而先行與他相見了。也因此金陵的茶座從此多一人。

在金陵的茶敘，由最初的三人，增加至五位；人多了，話題自然也更多，間談的時間也更長。沈思文必在十時前離去，我們直到十一點，隨夥計通知結賬為止。我們不再讓沈思文付賬而輪流結數；最後演變成即時AA分賬，這一形式的持續，成了日後鑪峰雅集每次茶敘的結賬形式。

不久，金陵因改建停業，我們改往斜對面的廣州酒家，繼續我們的聚會。

每次聚會，總是海辛發言最多，這與他的工作有關；他在電影界做宣傳，接觸的人面廣，只在有影片上映前後比較忙，在公司閒着的時間也多。因此他可以每天看遍香港幾十份報紙及一些國內的報刊，所以每次見面，他總是帶來一些新話題。

社論中的詩句

當年我們尚年青，熱衷寫作，醉心閱讀，對有關問題，常廣泛而認真的探討。所以夜茶閒談，不盡是閒話，幾乎每次都有主題；特別是報刊上見到朋友們的新作，更常是席間話題。

有一次，李怡在《文匯報．文藝版》發表了一首詩，熱烈地歌頌國內的大躍進，我們都為他的詩句所激動；正當談得熱烈，海辛沉思片刻，忽然說：

「我好像在哪一張報紙上讀過……」

「不可能吧？」我反問：「難道他會一稿兩投？會不會他報轉載？」

「不可能，」海辛肯定的說：「我肯定在一張國內的報上看過。」

海辛的肯定，我們刹時間無話可說。尹沛玲接下說：「我也有些印象，我好像在一篇社論上讀過一些片段。」

「社論用的是硬蹦蹦的語言，怎與詩句扯上關係？」我說。

「是真的。」尹沛玲肯定的說：「是一篇社論！」

「那麼，好吧，你和海辛分頭把你們讀過的報紙找來。」韓中旋提議。

幾天後的敘會，海辛帶來了一張報紙，他用紅筆圈出社論的其中一段，對照李怡的詩句，果然相同。差別的是，原文是文章的一個段落，李怡以分行成詩篇的一節。讀社論難以讀出詩意，李怡卻從理論性的社論中讀出詩意來，和他本人的語言不矛盾，若非海辛帶來原文對照，我們分不出哪一些不是李怡的語言。

中籤捱義氣

李怡的詩句來自一篇國內報刊的社論，並無加括號或備註出處，難免有抄襲之嫌。這成了四人夜話的主題；海辛最先主張投稿「文藝版」，「揭發」李怡的抄襲行為。我認為：

「算了吧，大家都是朋友，我們知道就算了。」

我的意見未獲大家接納。討論的結果，我最後也只可同意。

另一方面，我跟李怡只可說是見面點頭朋友；他與羅琅是上海書局同事，而我則在世界出版社，份屬同行，認識不及他們深。

大家同意海辛的提議：寫封信給編輯，但誰來捱義氣，執行這任務？無人自動請纓。

最後以抽籤的方法解決；結果，本人中籤。

韓才子直筆戳李怡

韓中旋什麼時候被新聞界稱為才子？可能是他在《明報》時，為報導英國公主訪港的一則新聞所起的標題，一時成為趣談所致。

其實，早在參與我們在廣州酒家的夜會時，在評論的問題上，他常概括而明確的把握重點，顯露出了其「才子」的本質。

因為中鐵，我負責起草給「文藝版」投訴李怡的信，只是複述當晚大家討論的意見，寫得平淡，又無嚴厲指責意味的標題，估計編輯不會刊登。海辛和尹沛鈴看完後，都有同感，但到了韓才子手上，他粗略地瀏覽後，隨即拿起筆，不加思索，起了標題：「李怡的號角吹響了！」

這樣，一封平淡的信，立即起了畫龍點睛的作用；揭示出作者的不誠實，也含有譏諷、譴責的意味。成為一篇具可讀性的短評。

「文藝版」刊出了原信，編者的按語，同意我們的意見。

告別廣州到晨風

在廣州酒家的夜茶，不久也因酒家停業改建而結束。那年代，酒樓兼營夜茶市的不多，在西區更難找到別家。其他地區的，又因交通不便難作下腳點。後來，只可更改了時間為星期日，地點為韓中旋工作的晨風出版社。

老闆顧鴻與大家是老朋友，他樂意大家到出版社閒聚聊天；有時，他也參與一份。另一方面，在酒家困坐一個坐位上，在這裏卻可四處走動；或者可以瀏覽書刊，要解決午膳問題，附近亦有餐室。

因為改了時間，一些星期天無須上班或上學的朋友，聞風而至：黃夏、甘莎（張君默）、周麗容、黃若谷、麥正、麥秋適……等都是此時加入，甘豐穗也常參與。出版社只是一間獨立的閣樓，面積雖不算小，但編輯部營業部與貨倉，三位一體，逾十人一起活動，就覺擠迫。午餐問題，也有些麻煩；因中午附近的餐室也擠迫，十多人無法圍坐一桌。唯有在酒樓才好解決；最近的是電車路的金龍酒家；從此，鑪峰雅集與金龍酒家，結下不解之緣。

風雨無間

茶敘改在上環的金龍酒家後，從最初的七、八人，逐漸增至十多位。有些朋友居於九龍或新界；交通需時，於是有人提固定時間：星期日中午十二時開始，早到者負責定位。結果，每次總是海辛和王方，後來加了張星，此後多年，慣性的成了他們的義務。

一般而言，朋友茶敘，先約定時間和地點。但鑪峰的茶敘時間和地點，從晨風出版社改往金龍酒家，定時於星期日中午開始，此後數十年，除了轉換地點之外，大家在此段時間內出席，無須預約，不愁沒人在。不管任何天氣，就算天文台懸掛十號風球；總之，只要酒樓開門營業，公共交通沒停頓，海辛、羅琅、王方和張星，其中必有一兩位依時在位。這成了鑪峰雅集的特點；還不止此，常有些移居外國多年，偶然回港的朋友，常來到會。

每次散會，夥計拿來賬單，幾乎都是張星接下；因為他做生意，精於數目，計算了，然後向大家科款。但難免有人早退；他們一般留下多於平常的款項，待下一次，多除少補。這有些麻煩，於是根據平常的消費額，設定固定的金額，負責結賬的朋友負盈虧。這一模式，今後幾十年來，沿用於鑪峰雅集各類聚會。

那一年的幻想

一九五六年十月十九日，《文匯報》邀請一群青年作家，在波斯富街的編輯部，舉行魯迅逝世二十周年紀念座談會。出席的都是常有作品發表在該報副刊的作者：徐亮（鄧仲燊）、呂達（李陽）、牛琦、谷旭（林真）、秋適、天可居士、韋凡……等二十多位。除了三四位之外，其他廿多位素未謀面，但神交多年，今日相見，份外高興。當中有些朋友，也曾聽到過我們星期日在金龍酒家的茶敘。散會後，經海辛的介紹，他們都很感興趣，都表示要抽時間參加。

一九五八年，國內的大躍進運動進行得熱火朝天。鄧仲燊發起組成一個訪問團，前往中山、順德參觀訪問。團員包括：韓中旋、海辛、麥正、麥秋適、孫華、薛后、張蘋、鄧仲燊和我。當年的中山縣長鄭吉還親自接待和安排訪問行程。

在一個星期的旅程當中，我們曾談論過，根據參與金龍酒家茶敘的人數，以及大家的興趣和特長，大致上已具備了組織文藝協會或作家協會的條件，但這只是輕描淡寫地幻想一番而已；大家都知道當年無論是人力、財力和經驗都欠缺。

不過，也許就是當年有過不切實的幻想，才能在三十多年後成為現實。

春節聯歡的緣起

鑪峰之友每週的聚會，雖然一年一年的持續不斷；就算是春節期間，許多社團都舉行團拜或其他形式的聯歡聚會，但我們還是一成不變，沒誰會想到舉行一次特別形式的節日聯歡聚會。後來才有的每年春節聯歡，緣起於一次影劇界和文藝界、以及出版界幾位朋友發起的聚餐晚會：

一九五九年新春，假期後上班，甘豐穗對我說：「有幾位朋友提議籌備一次聯歡晚會，邀請你參加。」這就是一九五九年春節後，由羅琅、海辛、李陽、黃夏等發起；藍真、吳其敏、鄭樹堅、甘豐穗、何達等前輩支持。海辛和黃夏在電影界工作，由他們向影聯會商借九龍尖沙咀德成街的俱樂部舉行。出席者除了上述幾位之外，尚有：夏易、舒巷城、韋凡、陸如藍、秋適、王方、韓中旋、谷旭、鄧仲燊、鄧仲文、朱昌文、朱浩文、黃若谷、甘莎、馮南淩霄、周絡霞……等廿多位。

參加這次聯歡會的朋友，除了羅琅及三幾位之外，其他各位都是經常或間中出席每星期日在金龍酒家的茶敘。一九五九年歲晚，茶席間，談及年初在影聯會的聯歡晚會，海辛提問：「我們可否舉辦春節聚餐？」大家一致贊成。

就此，緣於去年的經驗，一九六〇年我們以「鑪峰之友」之名，在上環的銀龍酒家舉行了第一次春節聯歡；自這第一次起，持續了三十多年的「鑪峰之友新春聯歡」，直至一九九五年才正名以「鑪峰雅集」取代；因為一九九五年，我們在香港警察局以「鑪峰雅集」之名註冊，正式成為非牟利社團。

別了金龍到月宮

記憶中，初次認識羅琅，是這次在影聯會俱樂部的聯歡會中。之前，他從未跟週日茶敘的朋友有接觸。他出席金龍酒家的茶敘時，在該酒家的聚會已近尾聲；因為春節過後，金龍酒家因拆建停業。他提議改往金龍對面的李寶椿大廈樓上的月宮酒家；從此，他才真正成為鑪峰的一份子。

參與茶敘的朋友只有增加，未有減少；此時轉移往月宮，其樓面比金龍寬敞，剛好滿足我們擴充座位的需求。十六、七人擠迫一些，但可容於一桌而無需分席而坐。人多熱鬧，大家都是為求過一個快樂的星期天。沒有誰想到發展成一個團體，這或是與缺少一個中心人物有關；而這個人須辦事冷靜，有遠見及有耐力去凝聚散漫的文藝界朋友，將之塑造成為一個文藝團體。

我覺得羅琅恰好是這麼樣的人。

似假還真的會長

茶敘轉移到月宮酒樓後，羅琅開始參與，他經常把散漫的話題引導至文化生活的範圍。事實上，在座的基本都是文化工作者：作家、記者、編輯、教師、畫家、音樂家，在他們的行業——出版、報紙、雜誌、電影……各人都有豐富的經驗，可以令茶座內容多姿多彩。久而久之，大家都感到，真的像參加一文藝團體的聚會，在笑談間稱羅琅為「會長」。此後廿多年，羅琅就成了這個似假還真的會長。

另一方面，羅琅參與茶敘，他很快就感覺到這個圈子實在已是一個文藝團體；他着意的推動它朝這個方向發展。這可見於他籌劃了出版兩本早期的同人作品選集：短篇小説集《市聲、淚影、微笑》，以及散文集《海歌．夜語．情思》——「有一次，羅琅同藍真、歐陽乃霑、陳球安等去湛江參觀，在旅途中羅琅提議出版青年作品集，大家極表贊成。剛好陳琪先生的萬里書店成立不久，……蒙藍真先生徵得書店同意為他們出版短篇小説、散文、詩歌三本青年創作集。」

就由李陽、海辛兩人進行組稿、並由陳琪和羅琅敦請吳其敏主編複選。最先集好的稿子是短篇小説創作集：《市聲、淚影、微笑》。入選作品二十三篇，作者有秦西寧（舒巷城）、黎文（伍國才）、甘莎（張君默）、鄭辛雄（海辛）、寧珠（林愛蓮）、秋適、呂達（李陽）、徐亮（鄧仲燊）、黃夏（黃瑞霞）、牛琦（歐陽芃）、韋凡（楊祖坤）、沈思（鄧仲文）、谷旭（林真）、藝莎（譚秀牧）、黃辛、黃志鴻等。書於一九六一年底出版。

一九六二年春天，青年散文創作集：《海歌．夜語．情思》出版，作者有舒巷城、呂達、谷旭、韋凡、鄭辛雄、陸如藍（陳琪）、羅漫（羅琅）、藝莎、甘莎、秋適、寧珠、黃夏、田咩（放揚）、沈思、柯遼莎（王方）、思敏（李祖澤）、昌文（朱昌文）等三十七篇作品。

羅琅發起出版這兩部作品集時，是他參與月宮酒樓的茶敍後不久，可見他對茶座前景的心意。

八十年代，他在中區永樂街開設宏圖圖書公司，曾協助張君默出版他的小說集，那時他首次使用「鑪峰文藝叢書」之名；其意是希望其他朋友有作品出版，將歸納於此叢書名下，彰顯影響力。但畢竟他盡個人之力，發行不易，難以為繼，但這並不影響他對朋友們的關心。有機會，他盡力而為。

到了一九九〇年，他盡力向天地圖書公司推薦，獲該公司邀請，出版四本作品集：

高旅著：《過年的心路》

羅隼著：《羅隼短調》
海辛著：《塘西三代名花》
譚秀牧著：《譚秀牧散文／小說選集》

幻想終成真

羅琅不介意任何名稱，他全心全意的投入這個群體的活動；每次茶敘本來經常由張星負責結數，有一段時間，他事忙缺席，這任務由羅琅接下來，這個「財務部長」他從此當了幾十年。還不止此，每年的春節聯歡聚餐，發通告給大家和接洽酒樓訂酒席；尤其是席散後結賬等繁雜事項，如按照一般社團組織，應該是財務或總務的事，但我們尚未成合法社團，無名稱，無組織，羅琅不介意由他兼任，親自主理，這個會長兼總務，幾十年來從無怨言。

羅琅有豐富的社團工作經驗。因為他在一個商會任秘書；在這以前，他是一間書局的發行主任，所以在商界和文化界都有廣闊的人際關係。對於怎樣推動這個群體發展成為一個社團，他的概念清晰，意志堅定。據我的觀察，在他未參與茶敘之前，眾友當中，沒有誰具有此才能或實際經驗。雖然我經常與海辛見面，他也曾多次提過可以籌組「作家協會」或類似的文藝團體，我雖然附和，但認為沒有條件，始終得個「講」字。

現在，他與羅琅在一起，兩人正好合作。

海辛性格爽朗，熱衷於參與策劃活動，人緣好，是難得的公關。羅琅則辦事沉實，認為可行的事，負責到底。兩人互相配合，積極的推動下，終於使這個群組，多年以來由最初的幻想、理想的文藝團體變為現實。

散離文友紛回歸

茶敘改在月宮酒樓，為期一年多，也因李寶椿大廈要改建而停業，只可改在上環的新光酒家；該酒家雖有三層，但面積不大，中、上環區已難覓第二家，因此非常擠迫，每次等位一兩小時多也未能入座，有些朋友因時間不便，漸漸停止出席。所以有段時間出席的人數很少。

後來，北角的新都城夜總會改為敦煌酒樓，我們便移師至此，這個地點，交通便利，酒樓大，面積兩三層，安排座位比較易。從此，幾十年，變相成了我們的「會所」；雖然，這酒樓也曾易手改招牌，但不改我們在此聚會的習慣。

曾經因為不便參與新光的茶敘，不得已而停止出席一段時間的朋友們，紛紛來歸，於是又恢復往昔的熱鬧；一些在更遠的朋友，也相繼到來；如在廣州的退休講師郭魂，《深圳特區報》編輯黃尚允，他們每週從廣州和深圳來港，茶敘散後，甚至一起飲完咖啡，然後分別回深圳、廣州，二十多年風雨難阻其行程。有些住在邊境如打鼓嶺、坪輋、深圳的朋友，平常無法出席茶敘，但春節聯歡會必然參加。

關鍵問題

除了星期日的聚會，平日我與羅琅常見面。我們可算近鄰，我住柴灣大潭道口，他住北角，相隔半小時車程；閒時，常相約在他附近的小咖啡館聊天。

他由於工作關係，對社會接觸面廣；包括政治、經濟及文化界，所以常常分享他從各方面獲得的資訊。對於鑪峰的事務，常廣泛的交換意見和深入的討論。

一九九五年香港藝術發展局成立，其政策中有一項，資助香港文化人出版作品，但只限已註冊的合法社團申請。羅琅和我多次討論，我們先評估朋友當中，有多少作品可申請出版？雖然多位朋友從事寫作，但他們有的寫食經、有的寫馬經或娛樂稿，與我們的宗旨不符。其次是「合法社團」問題，這是要首先解決的問題；而會址是其中關鍵，我們是否有條件租一個地方作註冊地址？因為這是一項長期的財政負擔，必須妥善考慮。另一方面，一個會址，對我們是否有實際需要？當時我們無法決定。

隔了幾天，我們再討論，羅琅已有了腹稿。他提議以他的住所作註冊地址，另外租一個郵局信箱作對外通訊之用；如此，初步解決了問題，有待星期日再與海辛一起研究，才作最後決定。

正名

羅琅和我討論是否註冊，初步作出決定後，星期日茶敘散會，約同海辛和王方四人，在羅琅公司的辦公室，再作決定性的討論。

其實，會址問題解決了，餘下的是名稱、會章（申請時的主要文件檔案）、理事名單，其他的就不難解決。

關於名稱，提出過幾個：「香港作家協會」、「香港文藝協會」，「鑪峰作家協會」、「鑪峰文藝聯會」、「鑪峰文友聯誼會」……

他們比較傾向於「鑪峰作家協會」或「鑪峰文藝聯會」；羅琅認為大家都是生活在太平山下，而太平山又名香鑪峰，亦是香港的地標。故以「鑪峰……」為名，實在貼切。大家無異議。

至於「……作家協會」還是「……文藝聯會」？但我認為，兩者都不很合適；因為「作家」有比較專業的意思，對會員的身份有比較狹義的要求，「聯會」則較空泛。雖然二三十年來，我們的週日茶敘，都是漫無目的，天南地北；在未註冊，非正式社團而言，純是聯誼性質，以「聯會」為名，也算貼切。如果成為註冊社團，而我們現有的幾十位朋友，他們從事多種行業：如出版、書店、報刊記者、編輯、教師、歌唱家、畫家、電影演員、醫生、牙醫……。他們的職業雖不同，但有共同的興趣和嗜好：就是——文藝！我們就是為此而相聯在一起。

因此，我提議以「鑪峰雅集」為名，較為明確的表達大家參與活動的目的。

大家贊成！

089 起草會章設計會徽

經過一番商討，以至定名，籌備註冊的各項事宜大致完成，下一步就是如何執行，誰去執行；其中最重要的是誰負責起草會章？其次，決定理事會的人選，如何着手（因為這也是申請註冊時必需的文件）？羅琅、海辛、王方和我四人擔任創會理事不成問題，此外至少再多五、六位才夠法定人數。

起草會章，海辛和王方一開始就表明他們沒有經驗，羅琅只好提議由我負責。

這個任務，對我來說，不是問題，因為六〇年代，楊善深的同學籌組春風畫會時，我曾負責起草會章，可以說「駕輕就熟」；但是籌備工作，我沒有羅琅想的那麼深入，他從開始就有了全盤計劃。在這次會商完畢，散會回程途中，我們一同乘車，他忽然對我說：「老譚，你順手設計個會徽，註冊後印信件用。」

這個任務對我來說，頗有些為難，因為我毫無美術設計經驗；但環顧茶座中諸友，唯我有時拿畫筆，因此只可免強答應。

大概兩星期，我完成了這兩項任務，在一次週日茶敘上，提交予「大會」檢閱。大家一致通過，全無異議。

聯袂上警局

我完成了會章的起草和會徽設計圖稿，大家毫無異議的通過，只待組成理事會，即可辦理註冊。當年的理事會謹以籌委會的形式組成，只有會長、秘書、和理事三項職位。在最初草擬的名單中，除我們四人為創會理事，加入鄧仲文為秘書，另五位理事。

在重組理事會之前，多次與羅琅閒談當中，他曾提及擬加入幾位顧問及設名譽會長；最初我對此不以為然，但不置可否。因為我們只是一個普通的文藝團體，無必要這麼隆重，而且也有借他人的名氣以提升自己的地位之嫌。

後來聽他提出的名單，都是鑪峰的老朋友；以他們的經驗和對鑪峰的了解，肯定我們並無利用他們的社會地位之嫌，而是誠邀參與工作，有助於鑪峰未來的發展。這是後話，待辦理註冊後，再從詳計議。現在，一切問題已解決，可以隨時辦理註冊。

於是，羅琅、海辛、王方、鄧仲文和我，聯袂往灣仔警局香港社團註冊處，辦理鑪峰的註冊手續。

鑪峰成合法社團

我們遞交了文件檔案，申請註冊後，雖然未知何時批准或不批准，但我們隨即在籌委會的基礎上加以擴充，重組理事會；只要獲得批准，即可開始運作。

因為我們是普通的文化團體，或者當局無需對申請人作長時間的背景審查，所以我們遞交了文件檔案後，不久就獲得通知，批准鑪峰成為合法社團！

在此日之前，若按照當時的社團條例，未經許可，超過七人的聚會，就是非法，會被檢控。當然大家都知道這只是紙上的條文，除非是社會出現大動亂的非常時期，否則，絕對不會如此。但在這條例下，鑪峰卻「非法活動」了三十多年。在此之前，許多只允許合法註冊社團才能加入的文化活動，鑪峰都無緣參與；在此日之後，可以名正言順的為香港的文化發展，貢獻一分力量。以前只在茶敘當中談論的一切理想，只是過眼煙雲般的幻想；如今，在理事會的推動下，許多計劃逐漸付之實行，許多理想慢慢變成實現。

也是理事

鑪峰雅集的理事會，因應發展的需要，先後陸續邀請得一些會員參與工作，如：朱昌文、陳華超、林樹勛、方寬烈、龔森泉、林馥、吳萱人……等，先前我說「鑪峰雅集」是一個奇怪的社團，除了前述因素外；與所有社團相異的，在於其運作方式。一般社團理事會的組成，都是署名的，是唯一執行會務的組織；「鑪峰雅集」的理事會可以說是兩個層次；每週參與茶敘的朋友，都是理事；每次茶敘可以說實際上都是理事會開會，因為在海闊天空的漫談中，有時個別朋友偶然提及一點什麼，會引起討論，然後署名的理事會跟進，如可行則達成定案；如《鑪峰文叢》、《鑪峰文藝》雙月刊的出版，以及「四十周年」及「五十周年」的藝文展概念等等，都是在茶敘時的漫談中，有個別朋友提及而後由理事會跟進達成的。

二〇〇〇至二〇〇二年度

「鑪峰雅集」理事會如下：

榮譽會長：藍真

名譽會長：車越喬

顧問：羅孚　蕭滋　莫光　張初　陳松齡　吳羊壁　陳復禮

會長：羅琅

副會長：海辛　許定銘　譚秀牧　陳少華

秘書：朱昌文

理事：林樹勛　方寬烈　龔森泉　林馥　吳萱人　王智濃

向着標竿直跑

「鑪峰雅集」成為註冊社團之前，每週日的茶敘，閒談的話題廣闊，從世界大事，到文藝潮流，閱讀心得……各抒己見；難免爭辯，但不傷和氣。因此，有些論題，成為定案，待日後有機會，付之實現。所以，成為註冊社團後，理事會就逐一跟進，條件合適的，按次序豎立目標，理事會就向着那標竿全力以赴：首項任務是處理《鑪峰文叢》的申請資助出版；也就是這個誘因，促成我們要註冊成為合法社團。

要向藝術發展局辦理有關申請資助的事，並不是填寫一些表格那麼簡單。首先，徵集文叢的作品集，其次是要有出版機構願意出版、發行；出版機構首先要為每本作品詳列成本，當中包括：打字、排版、紙張、印刷、裝釘……等等。

非常感謝天地圖書公司，為我們承辦了文叢的出版。當初，在籌組理事會時，羅琅提議邀請一些朋友出任顧問；這是他的先見之明，這些朋友分別在各出版機構任要職，都是鑪峰的老朋友，他們對鑪峰的宗旨和會員都非常了解，是會員作品的讀者。所以鑪峰理事會提出有關出版計劃時，他們都積極支持，出版計劃才能順利進行。

唯有鑪峰雅集

「鑪峰雅集」向香港藝術發展局申請資助出版《鑪峰文叢》，類似的計劃，可能是唯一的一個。香港的文化團體雖然不少，但當局推出這項政策時，能迅速作出反應，並且短期內提出完整的出版計劃，除了「鑪峰雅集」之外，似乎並無第二者。

後來在藝術發展局公佈有關申請資助的目錄中，未見有其他文化社團提交類似鑪峰雅集所申請的項目。

因為這需要兩個重要條件：首先是要有質量兼備的作家群，其次是要有熟悉出版業務的會員作有關實務的安排，這兩項條件「鑪峰雅集」都俱備。

先說作家群，鑪峰的會員當中，半數以上都經常有作品發表，而且「當年香港作家聯會在港成立時，班底大都是鑪峰同人」（羅琅語）。再說出版業務方面，會長羅琅曾經在書局任發行主任多年，甘豐穗是出版社總編輯，再加上多位會員都是從事與出版業務有關的工作。所以，當理事會作出有關《鑪峰文叢》決定時，大家迅速配合，使計劃能快速實行。

鑪峰文叢出版

我們向藝術發展局申請為會員出版作品集，初期計劃，分兩輯進行，很快有結果；第一輯五本作品，藝術發展局毫無異議的通過。非常感謝天地圖書公司，他們的出版業務非常繁忙，仍盡量安排「鑪峰文叢」的排印事宜，使文叢第一輯五本作品集，能在一九九六年這短短一年中順利出版。

第一輯，五本作品如下：

戴臉譜的香港人（小說）海辛著

看霧的季節（散文／小說）譚秀牧著

黃蒙田散文集──回憶篇（散文）黃蒙田著

羅隼選集（散文）羅隼著

高旅雜文（散文）高旅著

正當第一輯在排校，即將開始出版時，我們接續編輯了第二輯，隨即向藝術發展局提出申請，也很快獲得批准。由於天地圖書公司的特別安排，於一九九七年，第二輯的五本也全部出版。

第二輯五本作品如下：

絲韋隨筆（隨筆）絲韋著

香港五十秋（散文）吳羊璧著

聚散依依（隨筆）張君默著

夜闌散記（散文）舒巷城著

覆瓿小集（散文）楊柳風著

政策之變

鑪峰文叢第二輯出版後，接着我們向藝術發展局遞交第三輯的資助申請，但幾乎未經考慮就退回來；原來政策有所改變，原先由註冊社團為會員申請資助，改為個別作家自行申請。這一改變，雖然有些朋友頗有微詞，但從廣義上來說，我覺得對文化藝術的發展，是有正面意義的。而這一改變是合理的。

香港雖不算大城市，但作家數量可不少，雖然有些已加入文化社團，但不參加任何社團的為數更多。若然只限註冊社團才可為會員申請，對那些不隸屬於任何社團的「自由身」作家群豈不是很不公平？

社會資源，應該任何人都有權分享；若然只由認可的社團才能代辦，就難免有被少數人壟斷之嫌。

所以此一改，實際上令香港的文藝局面百花齊放；而此後現實的情況，證實對文藝的發展，有實質的意義。

鑪峰四十年藝文展

鑪峰雅集的活動，每週一次茶敘，每年一次春節聯歡，能數十年風雨不改，我們不覺得有什麼特別。但其他人開始從對我們有些好奇，而至漸漸有所了解，對我們未來的發展，有多方面的幫助。

如四十週年將臨之際，大家覺得這是值得紀念的日子，應該有些特別的活動；但能做什麼呢？一般社團不外是聚餐，加上豐富的獎品抽獎助慶；但這已是我們平常活動的項目了。而朋友們的的特長是靠一枝筆。

經討論的結果：

決定舉辦「鑪峰雅集四十周年藝文展」

這是我們唯一的強項：朋友們不是寫作，就是畫畫。憑這兩項，已可以組成獨特而豐富的展覽。

我們開始籌備，即已首先獲得香港三聯書店概允借出展覽廳，讓我們舉行展覽。特別值得提及的是，該展覽廳除了常見集古齋舉辦畫展之外，未見開放予外界使用。

一九九九年三月十九日至廿五日，是兔年的新春期間，我們在香港三聯書店展覽廳，舉行了「鑪峰雅集四十周年藝文展」；展覽內容分三部分：已出版的作品集，寫作手稿，油畫、水彩、書法、國畫，印章……等。

參展者：

一、作品集（小說、散文、詩）展出者：

羅孚、羅琅、海辛、黃蒙田、吳羊壁、高旅、杜漸、金依、王方、張君默、譚秀牧、謝雨凝、李陽、黃文湘、卓琳清。

二、寫作手稿展出者：

羅孚、羅琅、海辛、吳羊璧、黃蒙田、高旅、張君默、甘豐穗、杜漸、金依、王方、林翠芬、李陽、郭魂、譚秀牧、謝雨凝、杜臨風、黃文湘、黃伯平、春華、譚帝森。

三、油畫、水彩、素描、國畫、書法、印章展出者：

鄭家鎮、歐陽乃霑、陳跡、謝孟林、蕭滋、潘淑珍、司徒慶、譚秀牧、陳球安、張茅。

鑪峰文藝出版

香港藝術發展局對資助政策的調整，對廣大的作家敞開門戶的同時，其實也大可保留社團為會員集體申請，兩者並不矛盾。社團統一為會員辦理申請，他們在處理檔案、辦理作品報價等各方面的人際關係和行政經驗，可省卻作家自行申請的許多麻煩；而對於藝展局來說，收到的申請個案，文件規格完備，也可有助於審核工作的進行。

鑪峰文叢第三輯不被接納申請，消息帶到星期日的茶座上，自然引起一番議論，但這是當局對政策的調整，並非針對個別社團。會員不經社團代辦，無損於他們的權利；既然如此，我們為什麼不變一變方針？——當日有人這樣提出，但是怎樣變？卻談不出所以然來。

不過，幾天後，我和羅琅閒聊，想起週日茶敘談不出結果的話題，我們接續下去；既然社團不可為會員申請資助，但是似乎未限制社團申請出版期刊，而且也未見先例，我們是否可在這方面想一想？

羅琅同意。

於是，這問題提到理事會上。結果，大家認同不妨一試；在估計過一切條件之後，一致認為只能辦雙月刊。因為大家都是業餘時間才可參與工作。大家議決這任務交給我。因為在座只有我曾經有籌辦、編輯月刊的經驗。

我把握時間，在一星期內起草了《鑪峰文藝》雙月刊計劃，羅琅交給天地圖書公司，他們也配合我們，盡快的定出了每期的出版成本；這一部分計劃，順利的在不足一個月內完成，下一步看藝術發展局如何審批了。

除了時間，其他一如我們所預料：我們是第一個社團申請出版文藝期刊，而且提交的申請檔案齊全，無須作任何修改或補充，完全符合當局的要求，所以很快便收到回覆；接納申請，資助我們一年的經費（出版六期《鑪峰文藝》雙月刊）。《鑪峰文藝》雙月刊創刊號，於二〇〇〇年三月一日出版。

嶺大講壇上

鑪峰雅集在香港眾多的註冊社團中，是很小的、微不足道的一個，既無會所，更無醒目的招牌。除了相熟的朋友外，不能廣為人知，是必然的事。而朋友們也不關心外界怎樣看待我們，總而言之，只要在相聚時，得到滿足、快樂。

但是，我們的活動，特別是「鑪峰文叢」以及《鑪峰文藝》相繼出版後，在我們不自覺之間，外界對我們的關注，漸覺明顯。

有一天，羅琅忽然很晚致電給我，談及一件特別的事：他説因事忙，兩天沒往郵局開信箱，剛才看到嶺南大學梁秉鈞教授的信件：邀請鑪峰參與該校於七月間舉辦寫作坊的專題講座；這時約是四月間，如果我同意，可有三個月時間作準備。

我回答他，原則上可以接受，但這問題需編輯委員會商討才作決定。

我原意是由海辛、王方和甘豐穗三位出席；海辛寫作經驗及著作豐富，王方大學文學系畢業，也有多年寫作和編輯經驗，甘豐穗中國新聞學院出身及長期編輯經驗；所以由他們代表鑪峰主持講座最適合。

但是海辛和王方都說「難以勝任」，並異口同聲的推舉甘豐穗、羅琅和我，其他各位列席委員都贊成；這等於投票通過。於是，就如此決定。

二〇〇〇年七月八日，羅琅、甘豐穗和我，隨行的尚有鄧仲文、海辛和王方，前往嶺南大學；羅琅、甘豐穗和我，三人主持「寫作及編輯工作坊」講座。我的講題是：

我的「寫實小說」淺見。

100 為何六缺一

我們申請出版《鑪峰文藝》雙月刊，並獲得接納，需與香港藝術發展局簽約；我們需按計劃每期依時出版，而藝術發展局按期資助以至出版計劃完成。

但我們出版了第五期，第六期的稿件已編好；按合約把第五期樣書送到該局，並提出申請第六期資助時，獲得的回答是：經費不足，審批員拒絕再資助。詳細情況我不清楚，羅琅告我的，只有這一點點。

只從這一點來分析，似乎是藝術發展局毀約；堂堂一個政府機構，會因為數萬元而失信，令名譽蒙污嗎？我認為這不是藝展局的問題，而是那些辦事人的問題。

我也曾當過藝展局的委員，負責審理經審批員審批的申請資助個案，作最後決定是否通過審批員的審理。所以對藝術發展局的運作，略知一點。如果真是經費不足以應付申請個案，可以推遲某些項目，但不影響已批准資助，在進行中、仍未完成的合約。

這次對《鑪峰文藝》的處理手法，顯得如此輕率，必然是主理人的問題；若果是藝展局，不得已要腰斬合約，必然通過信件作合理的解釋，斷不會口頭上講句「經費不足」或「審批員不批」就算。再退一步說，香港是依法辦事的社會，不守合約吃官司的新聞，屢見不鮮；何況是堂堂一個官方機構，焉能不知無理毀約的效果？

我覺得除了精神和時間，被迫停止第六期的出版，並無實質的損失，也就算了。

不妨講一段不能履行合約而轟動一時的往事，說明不守約的效果。

上世紀八十年代，香港政府屬下的房屋署，首次推出居者有其屋計劃，在其售樓的合約中，有一項清楚寫明：「因天氣或其他原因影響引致工程延誤，不能如期交樓，買方無權要求賠償，……」（大意如此）

總之，整本合約中的每一條款，都是絕對保障房屋署的權益，並且登載政府的《憲報》成為法律。

但其中一個屋苑因地基難度超出預算，也因此導致負責建造該屋苑的建築公司破產。工程停頓。同期的四個屋苑已落成，交樓入伙，但該屋苑只建了幾層，而且工程半停頓狀態，業主等收樓，真是遙遙無期。

業主當中，有一位在法庭當即時傳譯員，他認為可以控告房屋署；但八百多個業主，只有兩百多位同意科款聘請律師，其他的都認為合約中的條文等於已判定房屋署勝訴，無須負責。

這小部分業主合資聘請一位大律師，控告房屋署不履行合約如期交樓。官司打了兩堂，結果，法官判房屋署敗訴，須賠償這二百多名業主因延遲了兩年多才收樓的損失，兼付律師費和堂費。

四十至五十

一九九九年，鑪峰雅集成立四十週年，於中區三聯書店舉行「藝文展」以後，朋友們繼續努力耕耘，陸續取得豐碩成果。不覺之間，又過了十年，至二〇〇九年，鑪峰雅集到了五十週年。理事會回望這十年來朋友們取得的成果，覺得頗值得與社會各界分享，於是決定舉辦「鑪峰雅集五十週年藝文展」。當即獲得商務印書館支持，提供尖沙咀彌敦道的展覽廳，予我們於二〇〇九年三月舉行「鑪峰雅集五十週年藝文展」；這一次展覽，內容和質量都比上次有所增加。

二〇〇九年三月，「鑪峰雅集五十週年藝文展」，參加展出者如下：

「作品集及手稿」參展作家：

羅孚、羅琅、黃蒙田、吳羊璧、海辛、高旅、甘豐穗、杜漸、金依、王方、林翠芬、李陽、郭魂、謝雨凝、杜臨風、黃伯平、春華、譚帝森、黃尚允、吳萱人、鄭炯堅，陳青楓、朱昌文、江思岸、鄭炳南、方寬烈、陳少華、林樹勛、許定銘、卓林清、鄧仲文、譚秀牧……等。

「書法」參展書法家：

曾敏之、吳羊璧、俞何、何盹、郭魂、鄭家鎮……等。

「繪畫：水彩、速寫、國畫、油畫」的參展畫家：

鄭家鎮、歐陽乃霑、江啟明、潘淑珍、劉素儀、陳球安、陳青楓、李碩祥、魏翀、蕭滋、陳華超、張茅、譚秀牧……等。

為期一週的展出，吸引眾多的文化界朋友觀賞。綜合他們的意見是：規模雖不大，但內容豐富數量多；一個展覽會而能包括多類型作品，成為真正的「藝文展」，可能唯有鑪峰雅集。

102 鑪峰雅集，原來如此

一位曾參加過鑪峰雅集，在金龍酒家時期每週茶敘的朋友，移居外國多年後回香港小住，知悉我們的聚會仍照常每週舉行，近二十年從未間斷，只是數易地點。此時改在北角敦煌酒家，他很驚訝；從他移民至回港，相隔差不多二十年，這群朋友竟然未散離，維持茶局每週舉行，「真令人難以置信。」他驚嘆地說。

他回港當晚，翻查我的電話，發現沒有改變。這是週末晚上，我們談了一會，他似乎想把近二十年積存的問題，在電話交談中找到答案。我想到坐了十多小時飛機，他應該很疲倦，須要休息了，只可囑咐他，時間方便再約會詳談，能夠參加週日的茶敘更好。他表示下星期將回鄉，未能肯定回來後能否參加一次茶敘。於是只好相約下週一見面。

我們在敦煌酒家茶敘。談到以前在金龍酒家相敘過的朋友，他只記得海辛和甘豐穗，其他的沒印象了。談及我們持續、風雨無間的聚會，他忽然提到一個很普通，但又很特別的問題：

「你們能夠維持這個茶局，十幾廿年不散；而且大家只是高談闊論，海闊天空，嘻哈大笑兩三個小時，週而復始，不覺乏味。其實每個人都會常與其他朋友相聚歡談，但為什麼總不及鑪峰吸引，除了志趣相投，是否還有特別的內涵？」

「特別內涵」！

這真是很特別的問題。參與鑪峰雅集茶敘這麼多年，在我來說，只是過一個成為了生活習慣、快樂的週日；我想其他朋友的想法也一樣，從沒有誰提出過這麼嚴肅的問題。我也是第一次聽到以人性化的角度，去思考一個普通社團的歷史及能夠長期存在的因素。

我隨即問他怎麼會想到這麼樣的問題？

原來他到了英倫後，重遇到了一些同學，串聯起來，竟然有二三十位，組成了留英的同學會，他被選為副會長。同學異國重逢，自然很親切；初期舉辦的活動如 Hotpot party 聯歡，或是郊遊野餐，大家都熱烈參加。但逐漸減少，只有舊人散離，無新人加入；三幾年間，同學會變成名存實亡。

此時談論、探討其中原因，殊無意義。我想，他們在外國，地域遼闊，各人赴會，相當費時；偶然一次，當然無問題，要是像我們每週相聚，着實不易持久。不似我們在香港，彈丸之地，來去都易；特別是隨時出門，無須作任何準備。不像他們要參與一次 Hotpot party，各人自備食物赴會，雖說分享同樂，但總不及我們，在酒樓圍坐一桌，面對面相隔三幾呎，吃什麼，隨時可得到；更重要的是：誰人講什麼，大家都即時聽到，這麼便捷的溝通，是他們難以辦到的。

至於他提及的「特別內涵」，可能他的原意並非如此，只是剎那間找不到適當的形容詞，急忙間隨口而出。

我想：我們的圈子雖小，但每人的出身不同，人生經歷不同；但志趣、人生觀卻是一致。這就使我們每次相聚，出席者因應他們各異的生活背景，帶來各異其趣的話題。雖是漫談，表達的內容就各具姿彩，很多時候會涉及我們在共同的人生觀下所從事的工作；我常有機會拜讀文友們的作品，他們「秉良知之筆」談論社會各種問題，談世界大事，每每流露「同懷家國憂」的情懷。可以說這就是每個人的「內涵」，匯集在一起，就成為這個社團的「內涵」。總會有點滴，適合各人的需求，值得記取；這就有異於一般漫無目的的笑談。

文友們長期以來，相聚於鑪峰雅集，我想這是主要原因。經歷五十年，他們有什麼體會、感受？許定銘編的《鑪峰雅集五十年》，一些朋友表達了心聲：鑪峰雅集，原來如此！

這或許可以回應了那位朋友的問題：這或者就是「鑪峰雅集」的「內涵」。

曲終人散

二〇一九年十二月間，我回到香港，抵家時已夜半，不便致電朋友，翌日是星期日，午間前往富臨酒家（前身是敦煌酒家），預備參加鑪峰的茶敘。按往常慣例，往接待處問接待員：「鑪峰有人到了沒有？」

「鑪峰？近來都不見他們來飲茶了。」

「大概有多久？」

這位接待員很快記起我。

「至少有幾個月了。」她想了想，然後問：「你也很久沒有到來飲茶了？」

「是。」我說。「我剛回來。」

「你在加拿大嗎？」

我點點頭。

我感謝她為我提供的信息。

我當時想：難道改了地點？致電羅琅家裏，無人接聽；打給他的手機，也沒回應。一連多天，不論日夜，都是如此。我即時想，可能出了什麼問題？後來想起鄭明仁，他甚少缺席，必然知道原因吧。

約見鄭明仁，談及鑪峰近來的情況。他說，無法聯絡到羅琅，已有一段時間，茶敘因而也停了；如果誰想飲茶，就要先電話約定。

究竟羅琅出了什麼問題？聞說他已安頓在養老院。這只是傳聞，無法肯定；但我一直無法聯絡到羅琅，卻是事實。

至此，我意識到：曲終人散在此時：鑪峰雅集六十年的歷史，至此畫上了句號。

起點．終點

從一九五九至二〇一九，朋友們都認為是鑪峰雅集六十年的歷史時期。這樣計算，我們的聚會，是從中環金龍酒家轉移到月宮酒樓，羅琅此時參加，作為一個起點，認作鑪峰雅集的歷史起源，也是事實。但向前引申，以一九五六年，我和海辛、沈思文三人在西營盤金陵酒家的夜敘作為起點，這樣，鑪峰的實際歷史，也可以說是六十三年。

從一九五九年最初三人的茶敘開始，一個月後，韓中旋、尹沛玲加入，成為五人的「小組」，大概維持了半年。由於金陵酒家拆建，改往廣州酒家，仍然是夜茶為主，間中也在星期日午間敘會，而此時，顧鴻、張蘋、張君默、周麗容、張星、王方等相繼加入。不久，廣州酒家也改建停業。

當時有夜茶市的酒樓不多，我們頓時失去了聚腳點。韓中旋在顧鴻的晨風出版社工作，星期日休息，他提議在出版社聚會，顧鴻也同意。此時，又加入了甘豐穗、黃夏、馬穎頤。當時經常有十多人在一起，有了一個問題：午餐如何解決？附近只有一間小茶餐廳，不能容下十多人一起用餐。似乎是甘豐穗提議，散會後往中環的金龍酒家午茶；此後，金龍酒家就成了我們的「會所」。

當時，可以說，我們實際上已是一個初具規模的社團，每週聚會至少十多人，只有增加多，沒有減少。在金龍酒家的日子維持了一年多，也因金龍拆建而改往對面的月宮酒樓；這一群從開始直至月宮仍參加茶敘的朋友，就成了今後發展為「鑪峰雅集」的堅實班底。所以說：鑪峰雅集實際上有六十三年歷史，也是恰當的。

二〇一九年，鑪峰雅集未能慶祝其六十週年，無聲息地為其歷史畫上句號，總覺得有些遺憾。如果我回到香港後，能見到羅琅，而他又並不如傳聞那麼樣入住了安老院，憑兩人之計，是否可以為鑪峰雅集的歷史，在一次可紀念的安排下圓滿結束？

我想：不可能。

能夠經常出席星期日茶敘的朋友，幾乎都是自由職業，或是傳播界，午後才上班，而且子女都已長大，可以無牽掛的在星期天參與茶敘。其他朋友一般都是較年輕，每週上班五天半，只在週末才可出席，因為星期日是家庭日，不能不陪伴妻兒而自己去享樂。曾聽過他們說，如果是週末，一定經常出席。我也曾想過，星期日出席的朋友，無妨改在週末參加，我和海辛向羅琅幾次提出，但他不置可否；如果可以改變一下，或許可吸引多些朋友參加，對於延續社團的生命，不無幫助。

幾十年來，一直支持鑪峰的朋友，逐漸老去，另一方面無年青人加入，無人接班的局面，終於此日出現。

輯十 傳媒的召喚

——從《華僑日報》到《香港年鑑》

105 傳媒的召喚

自從一九六八年離開出版界以後，我從事教畫和賣畫，開始了真正的自由職業。過慣了逍遙自在的日子，生活雖不豐足，不及打工那麼穩定，但「做慣乞兒懶做官」，不再想覓一份固定的工作。

我離開香港文學研究社後大概兩年，甘豐穗也離開了世界出版社；我們是同一機構，只是不同工作崗位，我們都成了自由人。他寫作，顯然比在出版社活躍、開心。他替報刊寫小説、寫雜文，食經和替電台寫廣播劇，與出版社朝九晚六、刻板的編輯工作不可同日而語，而且入息也豐富得多。

在此期間，我們除了間中在鑪峰雅集星期日的茶座中見面之外，也常見面閒談。

有一段時間，除了電話，很少見面，他也少參加茶敘。及至他再出席鑪峰的茶敘，他已重操故業：進了《華僑晚報》，與鄭家鎮一起編副刊。他是中國新聞學院第二屆畢業生，在國內從事新聞工作多年，解放後到香港。

此時，他各項稿約大概都有了規律，得心應手，才輕鬆的再成為茶座的常客。約在一九八五年五月間，他與鄭家鎮一起出席茶敘，散會後，各人照常各自離去。有一個星期日，深夜十一時，忽然接到他的電話。

「老譚，」甘豐穗說，「剛剛接到鄭家鎮的電話：《華僑日報》要請文化版編輯，他叫我即刻通知你：請你明日下午兩點鐘，在中環先施公司門前見他；他已約定何建章（按：總編輯）及岑才生（按：總經理）。」

我回應了，接着隨便閒聊的問他：「今日飲茶，他不說，不然，不用麻煩你啦。」

「何建章剛剛告訴他。他現在仍在報館。」他說。「這個職位最適合你，而你也最適合這個職位！」

見工經歷

這一天，約是一九八五年五月初，我依時在中環先施公司和鄭家鎮會合，然後沿永吉街經九如坊慢慢的往《華僑日報》，在路上，鄭家鎮囑咐我：見何建章時，如他問我任何問題，我不可出聲，不用答他；一切問題，由他替我作答。

我沒有問他為什麼；因為他繼續跟我講及其他多方面的事情，以及如何應對；報館內的人事、工作上與外界往還須注意的事項等等。

後來，我推測：他恐怕何建章問及我的學歷和工作經歷等問題，如我如實的回答了，會把計劃搞垮。他與何建章都是《華僑日報》最早期的「元老」，當然知道報館的政策。按照事實，我不可能任此職；一間這麼歷史悠久的名報，如何可以把一版如此重要的刊物，交給一個只讀過幾年小學的人去主理？

記得胡嘉豐，他在《我在《華僑日報》的日子》一書中，回憶他投考《華僑日報》記者一職時說：要面試、筆試、中英文互譯……。這些條件，任何一項我都欠奉，更何況編輯的職位，自然要有更高的資歷要求，這是我非常明白的。所以，當時絕對覺得，這個職位對我只是百分之百的幻想。

幾十年來，我從未正式因求職而見過工，從未填寫過履歷表。一九五三年，我到自學出版社工作，因為顧鴻問我：「有間出版社請一位職員，你有沒有興趣？」

我答應了；他就約我次日「一起見老闆」。及至見到了「老闆」，原來是溫輝；當年他是《文匯報》的副刊編輯，我常投稿，他有時也會約見我。

一九五六年，甘豐穗花了大半年，訪尋我到香港世界出版社工作時，見了面，他也只是帶我見經理陳衛中，簡單的作介紹而已。

《明報》創刊初期，何達介紹我往編副刊，帶我見金庸，也只是打過招呼，便問我「幾時可以上班？」如此而已，並無問及學歷或工作經歷等問題。

據說，一般機構都需要新職員試用三個月，然後決定是否錄用，但我也沒有經歷過。雖然香樹輝接辦《華僑日報》時，給我的聘書中，有「試用三個月」，但兩天後，又通知我「無須試用三個月」。

老實說，只是夠運。

這一次，應該不那麼簡單，鄭家鎮可能也預算到何建章會問及我的教育背景，故有此一着，以作防備。

107 初見何老總

《華僑日報》編輯部設在荷李活道華僑日報大廈三樓。

鄭家鎮和我抵達時，何建章已在；他埋首在張開的報紙中，沒有察覺我們到來。

「何老建！」鄭家鎮喚他。

他掩上報紙，略點一下頭，視線透過眼鏡頂端看看我們，說：「家鎮，你們剛到呀？」

「是。」鄭家鎮說，隨即為我們介紹：「這是譚秀牧，他來編文化版。」

他把滑落到鼻頭上的眼鏡推回到鼻樑上，從上面看着我，一邊伸出手來：

「歡迎！」他握着我的手，繼續說：「什麼時候開始呀？」

「明天；」鄭家鎮答：「或者——今天也可以。」

何老總向空空的編輯部環顧一遍，然後說：

「明天吧，今晚我吩咐胡伯清理好寫字枱，明天才可用！」

這次見工，不需五分鐘，即獲致結果；可能是鄭家鎮意料之中，也可能出乎他意料。若是前者，因為鄭家鎮是華僑日、晚兩報副刊的總主管，聘請副刊編輯，由他決定，引見何老總，只是通知他已聘請到編輯而已；若是後一個原因，或者按慣例，老總接見新編輯，總會簡單地問及一些有關的經歷。

接着，往見經理岑才生，結果也有些出乎他意料。

未見功夫先鼓掌

見完何建章，我們即往二樓經理室謁見岑才生經理。他正在忙着簽支票。看到我們進來，停下筆，跟我們打招呼：

「鄭老師，請坐，」

接着，看見我，微笑着說：「譚先生，不見你一有半年了吧？……近來有什麼新作嗎？」

鄭家鎮有些出奇地插問：「哈，你們已認識啦……」

「認識，他已幫忙我多次了！」

「噢……？……」鄭家鎮說。

「是呀，我們銅鑼灣街坊會每年舉辦的全港學生春節繪畫比賽，都是請譚先生幫忙做評判——已好幾年了。」

岑才生是香港銅鑼灣街坊福利會的會長，該會約於一九八〇年開始舉辦全港學生春節繪畫比賽，我即被邀請做評判。此後，每年年晚，秘書鄧先生就相約定我，春節後為該會評畫。直到二〇〇七年，我移民，二十多年從未間斷；移民後，有幾年冬季我都回港，鄧先生都約我評畫。如此，我作學生們的畫評人，差不多三十年。

有一年，我曾邀一位朋友一起擔任，本意是我無暇時，可推薦他接手。但他知道評畫雖然簡單，但要為一些得獎作品寫評語，卻不簡單，所以他婉拒了。

事實是，舉行頒獎禮時，許多學校的教師、家長和學生都會出席，如他們對評判結果有疑問或不滿，要給予圓滿的答覆。可幸我從未被投訴過。

鄭家鎮似乎想說什麼，但岑才生接着說：

「怎麼呀，你說帶位新同事見我就是譚先生嗎？」

「是的，」鄭家鎮說：「我請他來編文化版。」

「好！」岑才生說，「譚先生畫畫得靚，文章亦好，來編文化版，最合適人選啦！」

這時，他瞥見一位同事出現在門外，他示意對方可進來拿支票；接着，他問：

「幾時可開始工作呀？」

「明日。」

「很好。」接着：「譚先生，日後工作上有什麼需要，可告訴吳國基，他會幫忙你。」

就這麼簡單，就決定了我有機會再從事傳媒工作。

結緣半世紀

我與《華僑日報．華僑文化》版結緣於上世紀六十年代初，當年我舉行個人油畫展，該版編輯黃齋名替我在該版刊登消息及有關資料；那裏想像得到，半個世紀後，轉過來我卻成為「華僑文化」的編輯？

另一方面，上世紀五十年代，我初次的習作，發表於該報的「學生園地」，而在數十年後，我又是校園版的編輯。

這可能是機緣巧合，也可說是運氣吧！

不知道黃齋名以後，我接編之前，這一長時期究竟轉換過幾個編輯，但所得的印象是：「文化版」不受重視，它不是每日有固定的篇幅，也無固定的見報版位。有時兩三天才見報一次，而且是分成三、四段，分別刊在幾個不同版。如果是一段完整的資訊還好，最惡劣的是，一篇文章被瓜分成幾段；可能一段刊在經濟版、另外的在娛樂版或體育版……，總而言之，被視為填補空位而設。

我推測，這絕對不是編輯的本意；其中有兩個可能：編輯發稿時沒有劃版樣，任由拼版者處理；另外是拼版師傅不按版樣辦事，將「文化版」視為填塞空位的碎料。兩者皆有可能。

朋友間曾有笑話：《華僑日報》每日有很多錯別字＝正常；無錯字＝不正常。

不知內情者會歸咎於校對人員，其實這是拼版師傅的自把自為；只有親自經歷過才知道。我接編時，常於見報時有錯字，有時是關鍵性的字。後來問校對部的朋友，他們力證是拼版師傅沒有按校對版樣改正。

「你是新老編……」一位校對朋友說：「慢慢你就知道，見慣不怪；幾個錯字算什麼？這位太上皇還有許多傑作，將來你就知！」

出門有貴人

我接編「文化版」之前，鄭家鎮和甘豐穗都曾提供不少意見，其中最重要的是：「文化版」不可止於文人雅士之間的詩詞唱酬，而是向廣大讀者提供各類文化活動訊息，推廣文化活動。所以，作為編輯，要主動與文化界聯繫，而不是坐在編輯室，被動的等待外界提供資料。

甘豐穗還特別提出：應該保持每日九——條字（半版）的篇幅，並且要每日見報——這點，我從第一天開始，直到後來我調任《香港年鑑》主編；前後差不多九年，我都辦到了。

或者如相士所言：出門有貴人。甘豐穗和鄭家鎮都是新聞界的老行尊，兩位在文化界都有多方面的人際關係。鄭家鎮與許多文藝團體、書畫家和詩詞雅士時有往還；甘豐穗在國內時，除了新聞工作外，也活躍於音樂界，是當時的「鐵流合唱團」團員。在《華僑晚報》編副刊之外，還主編一版「音樂週刊」，與香港的音樂、戲劇界關係密切。

因為鄭家鎮和甘豐穗事先介紹我認識各文化社團的公關，所以我開始工作，毫無困難。

何老總

我未入職《華僑日報》之前，也曾聽過「何建章」這名字，當提及他是華僑的「老總」時，一般都是貶。當然，還附以他的一些行為作為談笑資料。

那時我完全不認識他，所以聽過就算，事後就忘記；但現在他是我的老總——

頂頭上司，以前聽到人們對他的評論，自然地就浮現腦海，並且在接觸中，留意印證。

但是，在我與他短暫相處的幾個月中；其實只接觸過幾次，每次都有意想不到的效果，完全與外界的傳聞相反；完全不是人們所訕笑的：對人冷漠、只貪小利、好佔便宜的「何老總」。

或者我未有真正看到他的另一面，我只能根據我所見到的真實「何老總」而作結論。

第一個任務

自從見工那天見過何老總，及至我開始工作，有一段很長的時間，再沒有見過他，有一天我於下午兩點鐘回到編輯部，何老總已在；我從未見過他這麼早上班，這是罕有的事。

我剛預備工作，何老總就叫我：

「阿譚，」

我望望他，他向我招手：「你過來。」

我走過去。

他拉開抽屜，拿出一本小冊子，說：「這是李將軍的生平資料，他的兒子，是香港的政治人物。四九年之後，李將軍沒有離開，一直留在香港。前幾日他去世了。他在抗戰時曾有功於國家；現在，人已死，歷史應該為他留名……」

他掀動幾頁，合上，遞給我，說：「你拿去看看，寫篇特稿，作闢欄，配新聞刊登。」

我接過小冊子，正欲離開；他拿起一篇稿，隨意地揭開一頁，瀏覽着，說：「我叫港聞一位同事寫了一篇，——」他稍停一下：「寫得不好，——不合用。」

「幾時交稿？」我問。

「他兩個禮拜後才出殯，可以慢慢寫。」他說完，合上抽屜，離去。

縮龍成寸記將軍

我接過何老總的小冊子，當日還沒有看。次日，才開始準備為將軍寫篇特稿，拿出他的傳記，揭開一看，真是令我咋舌。記憶中，全書似用駢文或文言寫成，對我來說，真如天書。因為我幾乎沒有受過正規教育，讀小學時，正是抗日戰爭，走難多過上課。在學只幾年，全無機會接觸古文。和平後，即往香港謀生。

現在驟然面對滿目古老文字，幾乎每個都陌生，不禁想：如何完成任務？

這小冊子，三十二開本，約四十頁，用四號老宋體排印，全書約兩萬字。正常來說，不需一小時就可讀完。但我花兩三天，勉強讀了兩遍，然後寫了篇五六百字的特稿，濃縮了將軍的一生經歷。真可以說「縮龍成寸」矣！

稿，雖寫好了，但是想：能否達成任務？因為何老總沒有說那位港聞同事所寫的為何「不好」、「不合用」？

我把稿子放在他的桌上。不管他的評價如何，我總算完成了任務。

114 何老總拍案大讚

我把稿子放在何老總的桌上，曾想過：他如覺得有意見，我可用另一方法寫過；我估計應該沒有問題。

第二天，我提早回到報館，即埋頭工作；文化版每天晚上八時截稿，我須先發部分稿件，因為要外出工作。所以沒有留意何老總什麼時候回來。

「啪！」

突然一聲巨響，接着，何老總大聲叫：

「譚秀牧！……」

我嚇一跳，彈起來：

「老總，什麼問題！」

「你——寫得真好啊！」他高聲的說。

我當時真真些茫然，有些不明所以。稍定神，望望何老總，他正把眼鏡慢慢架回鼻樑上，仍盯着稿子。我才意識到他剛才的激動，真是出於他對稿子的感受，並非開玩笑。

我走過去，他望望我，「……寫得真好……」

「老總，」我問：「要不要寫新聞稿？」

他稍頓一下，說：「唔……新聞稿……我交給吳培榮（港聞主任），讓他處理。」

說完，他把稿子放進抽屜。離去。

何老總剛出門，與我相背而坐的電話接線生，Annie 立即轉過來，「譚先生，你擦老總的鞋呀？」她笑着：「你一定把他的鞋擦得特別光亮，他才這麼讚賞；我在華僑這麼多年，從未見過他這麼樣讚人！」

「我擦他的鞋，他未必讚我，」我說，「如果你擦，他可能不止這樣讚賞你。」

115 第二個任務

何老總似乎有事要見我，才特別提早返回報館。

這一天，我稍遲了些回去，他已在看報紙；看到我剛入門，即向我招手：

「阿譚，你過來！」

我走近去：「老總，什麼事？」

「你寫篇短評給我看看。」他說。

「評什麼問題？」

「隨你選擇。」

「趕時間嗎？」

「不趕，」他說着，放下報紙，摺好，「你什麼時候寫好，什麼時候給我。」

說完，隨即離去；顯然，他已等了一段時間。

老總離去後，Annie 告訴我：「何老總今天未到兩點鐘就回來了，而你這麼巧，遲了回來。」

他每次提早回報館，似乎總是為了交待一些事務給我。今天就是為要我寫篇短評，目的何在？他沒有講清楚，總是有個目的吧？

短評不易寫

短評，篇幅少，卻要每個字都如箭，命中社會當前的時弊，引人深省。所以不容易寫。

接到何老總的任務，我留意發掘題材。

當時，小販管理隊與小販的矛盾時有發生；小販為逃避管理隊的拘捕，倉皇四散奔逃；而正當管理隊出現時，必定是最多市民買菜，街市最擠擁的時刻。有些賣熟食的小販推着木頭車，橫衝直撞，傷及途人，也時有所聞。

這個問題困擾社會，當局也想盡辦法去解決。在最接近街市的地點建市政大樓以容納街市持牌的固定攤檔，把它們安置到大樓內，讓街道恢復寧靜和交通暢順。但持牌小販檔依然故我，不願上樓，建設了的大樓丟空。而街頭的攤檔又向前擴張，霸佔行人道的空間，加上其他無牌的流動小販見縫插針佔據位置，使原本已擠塞不堪的行人空間更寸步難行。

小販管理隊雖在繁忙時間按時執行任務，拘捕無牌流動小販，當中涉及執法不公和貪污枉法的問題；曾經看到攤販賄賂販管隊員，以及「收規」的情況。因此，我在文中提出：收回現有持牌攤販的牌照，重新發牌予大樓內的攤販；正視販管隊不良隊員的貪污受賄的問題；加重對被拘捕的無牌小販的罰款以收阻嚇力。

不及格？

上午，我把短評放在何老總的桌上。出外工作。

下午，我返回報館發稿，何老總已在；他隨即向我招手：「阿譚，過來。」

我走近去，他已拿着我的稿子。

「我已看過，」他說。

「有什麼意見？」我問。

「寫得都——」他遲疑一下，然後續說：「都幾——好！」

可以感覺到，這短評未達到他的要求。也可以說：不及格！

我接回稿子。預備離開。他還有話說：「讓我想一下！」

他想什麼呢？

我只能想。

並無虛言

何老總看完我的短評，交還給我並說：「讓我想一想。」

似乎隨便説説。但連繫他幾次説話的態度，可感受到他每句話都是認真的；從見工那天初次見面，至他離開了《華僑日報》，我們只見面幾次，而每次都是三言兩語，並不是隨便説的空言。他在「讓我想一想」的後面，必有下文。

事隔幾天，是星期日鑪峰雅集茶敘，馬穎頤出席。他是鑪峰的老朋友，是華僑日、晚報的娛樂版編輯，與何老總是老同事，因此他常在茶敘時帶來一些華僑的信息與大家分享。

這一天，他告訴我：「老譚，何老總通知各部門，不要將你調走，也不要給你任何新工作，他會有安排。」

加兩版

馬穎頤傳達了何老總指示各部門，不要給我其他工作的訊息後，約兩星期，吳國基通知我：「讀者版」將交給我兼編。

這當然是何老總的命令；為何由吳國基交給我？

據蔡武漢說：《華僑日報》有個特色：只有實際的職務，沒有實際的正式職銜。他舉例：報館所有同事都知道他實際是秘書，大家都稱呼他為「蔡秘書」，但老闆從來沒有表示他是「秘書」。

據我了解，吳國基實際上是執行總編輯，在報館內大家稱呼他為「基哥」。我在見工時，經理岑才生對我說：「工作上有什麼問題，問（告訴）吳國基。」而鄭家鎮在介紹我認識岑才生時，也只稱呼「才哥」。

我接編了「讀者版」，大概一個月後，吳國基又告訴我：「『天下事』給你兼編。」

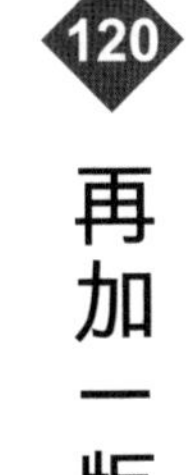

再加一版

除了每天見報的「文化版」，再加編兩版，其實工作不算繁重。因為「讀者來信」和「天下事」，並不是每天見報，而且並不是定量的篇幅；「讀者來信」取決於讀者來信或多或少。「天下事」是靜態的國際事件，稿源不很穩定，因為無外稿，全部由新聞部的同事供稿，他們比較閒時才翻譯一些。這兩個版無法定期見報，是這原因。過去也無固定的編輯，似乎也是新聞部的同事，誰有空就由他編；事實上，他們也人手不足，兼顧份外的工作，也不容易。

何老總把這兩版給我兼編，可能希望可正常化，跟其他副刊一樣，定期見報。「讀者來信」並不像約稿那麼穩定。市民受到不公平的對待或寃屈，才寫信到傳媒投訴。在處理這些信件，要避免報刊被利用來公報私仇；對公共機構或公職人員的投訴，尤其須要小心分析事件真相，避免涉及誹謗或人身攻擊，否則會收律師信。

鄭家鎮得悉「讀者來信」由我兼編後，囑我要特別小心。他曾跟我說及一次意外接律師信的事件。

新聞工作容易惹官非，不出奇；寫小說也有機會，可能是巧合吧。他在一篇小說中寫一個吸毒者的活動場景：九龍某區一條橫街，有一間某某小士多鋪，店面左邊有兩個並排的汽水柜，左右兩牆壁是貨架，左邊放香煙及零食，右邊擺放罐頭和即食麵。店堂被一道木門間隔為前後，這道門有兩大漢左右守着，非認可的人不准出入；裏面中間是幾張麻雀枱，一邊牆下架着長板條，白粉道友就在上面吞雲吐霧，另一邊是幾張碌架床，道友可橫床直竹吹鴉片……。

這是鄭家鎮虛構的場景，並未親身經歷過。但過幾天就收到一間「對號入座」的士多發來律師信，控告他誹謗。鄭家鎮問律師，對方能否「告得入」？律師認為「可以」，於是只好等着上法庭。

但是就在審判期的前幾天，該士多的女老板在一宗交通意外，被汽車撞死；控方無證人出法庭作證，法官令撤銷案件。

我就曾因一位市民投訴新界某醫院一位護士的惡劣態度，雖然已經非常小心處理，結果還是收到律師信，控告《華僑日報》及編輯誹謗。

在處理這位讀者的投訴時，已從多方面考慮：首先考慮的是，可否把原信影印副本直接寄給當局？但深一步想，如此，當局未必重視；還是把事件公開，讓該護士的言行曝露於廣大市民面前，在輿論的壓力下，當局不可能馬虎了事吧。

編新聞，有些事件是不宜把當事人的姓名如實的刊登；讀者會常常讀到一些新聞，編者特別在當事人名下加括弧註明（化名），就是避免同姓名的自以為是報紙詆譭他。我處理這宗投訴時，也改了當事人的名字；我只單獨用姓氏代表該護士，而且是最少見的（Z）吧，少得幾乎不可能會有這麼冷門的姓，應該無問題。嘿，世事就是這麼湊巧；該醫院翻查全香港所有註冊護士，唯一的一位姓（Z）的，就在該院，投訴信所舉事件發生時，該名護士正在休假，不在香港，所以證明是對她誹謗，因而發來律師信。

報社的採訪主任，與對方談判，結果雖可避免上法庭，但要賠給對方律師費。

這兩個副刊由我兼編後，基本上可維持定期見報：「讀者來信」每週一次，「天下事」為雙週刊。

在兩三個月中，正當工作漸趨規律化，此時吳國基又把「航訊」版給我，請我

「暫時兼編」。這個版是每天見報的，在當年來說，是頗重要的；那年代，電腦未普及，一切航運資訊如船隻進出日期，途經那些城市港口。何時落貨……，為許多商家所關注。

兼編三個版，雖說「暫時」，但一直都無法安排同事接手；我只好一直暫時編下去，成了我固定的工作。

何老總問：「你幾多人工？」

我只負責編「文化版」時，常在下午六時前就可離開報館；兼編三個版後，工作時間多了些，有時在七、八點鐘才收工。但一直都沒有見過何老總，他可能更晚些才回報館。

大概三四個月沒有見過他，有一天，我剛回到報館，接線生即對我說：「譚先生，何老總剛有電話來：他叫你等他一會，他正在返回報館。」約二十分鐘，何老總回來，剛坐下，隨即像往時一樣向我招手：

「阿譚，過來，」

我過去，他從抽屜裏取出眼鏡，架上，望着我，問：「你幾多人工呀？」

「二千五。」我答。

他在紙上寫下：二五〇〇，驚訝地問：「兩千五百？」

我點點頭：「是的。兩千五百！」

「這麼少？」他頗懷疑，拿起紙片，望着他寫下的銀碼：「兩千五百，跟普通記者差不多……」

「我見工時，沒有談論過薪水問題。」我說。

「我記得。」他點點頭。

「我覺得，最主要是工作做得是否開心。人工多少不是問題。」我說。

「我明白。」他點點頭。頓一頓，若有所思地：「唔……兩千五……」然後伸直腰，靠着椅背：「這個問題，讓我想一想……」

難以置信

見過何老總後的週日，馬穎頤出席鑪峰雅集茶敘，帶來一個消息。

「阿譚，何老總前日，吩咐吳國基和我，想一個好理由，請才哥（岑才生經理）加人工給你。」

「真的？」我不無懷疑的問。「講笑？」

「絕對是真的！」

馬穎頤是娛樂版編輯，在報館人緣很好，尤其與何老總為甚；有關何老總的信息，應該無可懷疑。不過，今次我覺得難以置信，並非他的話不可信，直覺地想像身為報館的老總，主要放眼於下屬的工作，難能關注一個普通同事的待遇。

「他對這件事，好像很着緊。」馬穎頤恐怕我不相信，認真的說，「他叫我們無論如何，都要把這件事辦妥！」

我深信他不是講笑，而是不相信這樣的事會有結果。

123 眼前一亮

何老總交予吳國基和馬穎頤的任務，無疑是一道難題。馬穎頤說，類似的事，他從未受理過。他深信何老總這次對我之外，從未對任何同事如此「關心」。難以想像何老總的心思。

由於這事不可置信，所以不放在心上。臨近月尾，我放假幾天，與幾位朋友前往江門寫畫。回來後，往會計部領取糧單，開封一看，登時眼前一亮：加了百份之百！有些懷疑；往銀行打薄，果然是事實。

我立刻想起何老總，把結果告訴他，並致謝。我即問接線生Annie：

「Annie，我放假期間，何老總有沒有在日間返來？」

「沒有。」她說，「我一直未見過他。」

再沒見過何老總，後來聽說他已離開《華僑日報》。而那次特地約見我，就是最後一次見面。想來，真有些遺憾。

不久，外界開始傳說：《華僑日報》將「賣枱」。

輯十一

傳說成事實

——《華僑日報》兩度易手、停刊

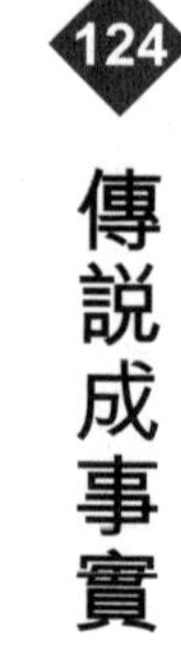

124 傳說成事實

有關《華僑日報》將「賣枱」的傳聞，最初只是在外界流傳，因為沒有同事談論，報館內反而不知道。有一天有行家問我，才知道這回事。看到傳媒訪問經理岑才生，他總是回答：「沒有這回事，純是外界傳聞推測而已。」

空穴來風豈無因？

傳說未止息，繼續發酵；漸漸浮現買家的形象：《南華早報》。

塵埃落定，《華僑日報》賣枱予《南華早報》，當局未承認，也不否認。此情況等於默認。

傳說繼續發展下去，終於，未來負責接管《華僑日報》的人選，也確定了：潘朝彥。

《華僑日報》為什麼會「賣枱」？傳媒問經理岑才生，他回答：「『華僑』是股東生意，有很多股東決定移民，故於一九九一年賣給『南早』」。

關於潘朝彥，我所知不多，可以說，僅聞名而已。但報館內的老同事對他並不陌生，也知道他對《華僑日報》的評價：《華僑日報》是垃圾報！

今日起——大把世界

大局已定，只待新公司正式入主。未有新的指示，留任的職工，照常工作；等待新的一天來臨。因為少了許多同事，編輯部往日的熱鬧氣氛不再。

這新的日子，終於來臨——

這一天是：一九九二年一月一日。

傳媒界期望看到新的動向，並未在新公司主政下首日出版的報紙有任何披露，只是在第一版的頭條刊登領導層的名單，約二十多人，每位均有詳細的介紹，都是學歷顯赫。名單上獲留任的員工，一個也沒有；但報紙的出版運作，主要是這一組舊員工執行。

同日在電視播出的廣告：一位挽着公事包的男人，昂首闊步地在街上走過，旁白（唱）：「睇《華僑日報》——大把世界！」

這一天，同事們都提早上班：上午十一點，我返回編輯部時，已見簡單的佈置：蓋上紅布的桌子上，擺放了一些香燭。還在等待什麼？

接近中午時，燒臘店送到來一隻大燒猪，放置在桌子中央，完成了簡單的祭壇。只待時辰到，儀式就開始。

正午十二時，早已守在祭壇前的兩位《南華早報》員工，開始點燃香燭；遞上一束給潘朝彥，他雙手擎着，虔敬的向天膜拜三鞠躬。完成了祭禮；也正式顯示《南華早報》完成收購《華僑日報》的整個歷程。

整個過程，完全像常見有些電影公司在新片開鏡時，舉行的儀式一樣。

接着，潘朝彥主持切燒猪，供同事分享。至此，《南華早報》正式入主《華僑日報》。

潘老總的開場白

《華僑日報》易主後，除了新總編輯潘朝彥和他的女秘書，編輯部並未見有新公司派來任何新同事；編輯、記者基本上是原來的人馬。

大家照常守在原本的崗位，等待新的指示或變動；約兩個星期後，潘朝彥召開首次會議，在報館二樓的會議室舉行。出席的有：岑才生經理、吳國基（執行總編輯）、吳培榮（編輯主任）、鄭家鎮（副刊主任）、甘豐穗（副刊編輯）和我（文化版編輯）共六人。

潘朝彥主持這持這次會議，我預期他會宣佈一些改革計劃；但出乎意料，他似乎沒有任何新措施，可以把他認為是「垃圾報」的這份報刊改變為面貌一新、人人稱道的報紙。他是帶着滿腹成見來評議原來的員工，如何能施行改革計劃？

他主持會議，開場白第一句話是：

「譚秀牧，外面許多人說——你扣剋作家的稿費，不發給他們……」

他還未說完，岑才生馬上高聲的打斷他的話：

「這是絕對不可能的事。」他平常說話總是非常溫和，我從未聽過他說得如此堅決、硬朗，似含着幾分怒氣：「《華僑日報》每支出一分一毫，都是有根有據；每一位收款人，必須憑收據親自到會計部簽收、領取。」

堂堂報館經理，聽到屬下職員如此大膽吞食作家的稿費，不加追問，反而為他護短；可能出乎潘朝彥意料，他當堂無話可說。

草草散會

會場靜默，持續片刻後，潘朝彥說：「請大家談談工作情況，有什麼特別需要報館支持？」

沒有誰先發言，於是他續說：「或者請鄭家鎮先生先講副刊。」

鄭家鎮簡單地說他與甘豐穗兩人合編包括「僑樂村」、「音樂周刊」等六、七個副刊。

其實，大家出席這個會，主要是想聽老總公佈大計，而非預備作工作匯報。事實是，除了新聞和文化版版面日日不同，其他副刊，可以說每天式樣相差不大，有什麼須要報告？所以鄭家鎮三言兩語就講完了。

潘朝彥可能聽過太多文化版的負面評論，所以比較在意。他特別點名：「譚秀牧，你講一講文化版的情況！」

「我編文化版幾年，據我所知，以前的文化版並沒有固定篇幅，也非每天見報，而且不設稿費。」我說，「我接編後，每天保持固定半版——九條字；保持每天見報，幾年來，從未脫過期。我提出應該設稿酬，報館同意，及每月支付七百元。」

「什麼，七百元……」他急急地問：「………是每篇，還是每千字？」

「每一個月。」我說。

他聽了，思索一下；對我所說的，似懂非懂。看看腕錶，說：「今天談到這裏，多謝大家。」

草草結束了會議。

稿費的疑惑

日前開會後，第二天我剛上班；潘朝彥的秘書即來通知我：「譚先生，潘先生請你到他辦公室。」

「你昨天說，文化版的七百元稿費，究竟是怎樣一回事？」我坐下，他即問。

「文化版幾十年來，都不設稿費；」我詳細解釋：「而當時的編輯，可能很少參與文化界的活動，因此資訊來源不多；如此就影響編選稿件的主動性，所以版面文化活動消息不多、很零碎，可讀性的特稿更難見到……，」

他似乎對這問題頗有興趣。

「你怎麼會想到設稿費？」

「我接編後，已覺得作為『文化版』，除了一些文化活動消息，都是捧場性鱔稿，或小圈子的詩詞唱酬，未免太空泛，也不符『文化版』的實際意義。應該有些可讀的文化知識文章。就算是外界提供的資訊，也必須有取捨的空間，不能任其吹牛，這麼樣，就需要稿費。」我解釋，他有興趣聽。

「但想到：幾十年都沒有稿費，『文化版』都可以維持（雖然過去沒有固定的篇幅，而且經常缺期，兩三天不見報是平常事）。到了我手上，就要設稿費，報館會不會覺得是一個問題？所以遲遲未提出。」

他沒有什麼表示，只是望着我。

「有一次，學海書樓有位鄧又同先生——你或者認識他？」

他點點頭。

「鄧先生問我：可否替『文化版』寫些文史知識？」我續說。「這問題，真令我為難和尷尬……」

「為什麼？」潘朝彥問。

「我回答鄧先生：『文化版』歡迎各方面的文章，但……沒有稿費……」鄧先生馬上猶疑起來。我繼續解釋：「這不是我的決定，向來如此；不過，這個問題，你可以和吳國基商討。因為稿費的問題，我無權處理，由他決定。」

「鄧又同終於有沒有和吳國基商討？」他問。

「我估計沒有。因為我再沒有接觸他，吳國基也沒有向我提過這回事。」我續說：「不少朋友都曾向我提問過『文化版』是否需要外稿問題。我只能同樣回答，以前不覺得這有什麼問題，鄧又同的問題提醒了我：外界不大熟識的朋友，會否有人說——作家寫稿，稿費則落入我口袋？」

「所以我決定向岑才生經理提出：『文化版』需要約些外稿，以充實版面。所以需設稿費。」

終於明白

當我向岑才生經理提出文化版需設稿費，他並無異議，說：「你給個預算我。」

我無需考慮，即回答：「八千元（一年）。」

「沒問題。」他答應了我，隨即加一句：「如果不夠，到時再算。」

潘朝彥有些不解地問：「每個月平均不足七百元，你怎樣開銷？」

「其實，很多時，七百元也用不到。」

他更覺得疑惑：「你究竟怎樣用？」

我詳細解釋——

我覺得自己很幸運，因為我一入職文化版，鄭家鎮（副刊主任）、甘豐穗（副刊及音樂版編輯）即介紹我與各方面文化界如：市政局的康文署、香港演藝學院、香港管弦樂團、香港中樂團、香港芭蕾舞團，中國美術會、香港美術研究會……等聯絡。而我也經常與一些文藝團體及作家、畫家有往來。所以一開始，各方面的訊息源源而至。

而各演藝團體的公關，都是該方面的專門人材，有活動時，發給文化版的宣傳稿件，都很豐富；如是音樂會，除了新聞稿，尚有樂曲、作曲家、指揮等等的介紹，有時更會有特稿（這類稿件稿費無需由文化版支付）。比如有一次日本一個文化團體訪港演出，橫山尺八演奏家及能劇名家花柳千代隨團演出；究竟橫山尺八是什麼，花柳千代是何人？他們發來的宣傳稿，組織得很全面；他們有專家分別以顯淺的方法寫了專文介紹，讀者很易明白、接受。

所以實際上要支付稿費的機會不多。

其他藝文活動，通常都有時間性，許多時候都是我參加活動後，例如出席記者招待會或看過畫展後即刻寫作，配合新聞刊出。如果是返回報館在工作時間寫的，我當是工作，不計稿費；如是平時在家寫的我才支稿費：例如看過深圳與香港畫家的聯合展覽，我寫了〈港中藝術交流新里程〉，香港藝術館舉辦的藝術雙年展，每次評選的標準都被藝術界質疑及劣評，我寫了〈藝評風波面面觀〉，其他如〈漫談「香港畫家畫香港」〉、〈春節的童畫〉……等等。

所以稿費支出不算多。

潘朝彥聽完，終於明白我如何處理稿費。最後，他問：「除了『文化版』，你還有其他工作嗎？」

「兼編『校園』、『航訊』、『天下事』、『讀者來信』等四個版。」我答。

他像為這次會談作總結似的：「我調整你的工作：除了『文化版』，其他幾個版暫停，我另外給你編副刊。第一批稿件，梁儒盛（副總編輯）這一兩天會交給你，以後由你處理。『文化版』從今日起，稿費不設上限，你認為值多少，由你決定。你寫的稿，不論是工作時間或業餘寫的，一律照來稿計稿費。」

吹毛求疵

作為總編輯，對整份報紙的關注是應該的，問題在於是否善意的提供意見，以協助員工提升編輯水平。從這點評論潘朝彥，他對文化版的態度，完全不是這回事。他簡直是帶着極深的成見，看文化版的每一天。

潘朝彥既然早已認定整份《華僑日報》是垃圾，這個觀念根深柢固的深藏在他腦海，深受這觀念的影響，看待舊員工的工作表現，無一是處。

這天他聽了我對文化版的詳細解釋，雖然沒有任何懷疑，但不表示已改變了他的成見。他對每天的版面，總是有這樣或那樣的指責；比如「這個題目為什麼用黑體而不用老宋！」「一個版面，這條題目（頭條副題）用了『展出』，這條（另一短訊）又用『展出』……！」諸如此類，並非指出題目跟內容是否貼切、明確，該如何改善，簡直是吹毛求疵，對舊員工的工作不信任。

相反，對我兼編的副刊從無意見，可能不是我組稿，是他的親信；我實際上是發稿而已。但至月底我結算稿費，拿稿費單給他簽字時，我無意中一句話，令他忽然對這位親信起了疑心。

131 親信的疑惑

兼編副刊一個月，至月底結算稿費，我拿總單給潘朝彥簽署。他拿起來，幾乎貼近鼻子，仔細的審視，然後放在桌上，用筆指着其中一位問我：

「為什麼這位特別高？」

我欠身看清楚，那是胡志偉（與香港政治人物同名不同人）；二十多位作家之中，只有他每千字三百元，其他的都是千字二百元。

「我不知道。」我簡單地答。

「你不知道？」他感到很奇怪。「為什麼你不知道！」

「因為不是我約稿。」

他愕然的瞪着我。

「誰約的？」

「梁儒盛先生（副總編輯）約的，稿費也是他與胡志偉講定的。」

「嘿！」接着，他像自言自語，有些沉重地說，「為什麼我不知道？」

他茫然地對着稿費單，神情有點失落，剎那間驚覺這親信竟然不可信，瞞着他做了事不讓他知道似的。潘朝彥沉默了一會，然後清醒過來，指着稿費單上的胡志偉，命令我：「拿他的稿給我看看！」

為作家發聲

我把胡志偉一篇原稿給潘朝彥，靜待他的反應。開始時，他讀得很慢，似要找出其不值三百元的證明。逐漸由慢及快，最後不及把整份稿讀完，氣憤地把稿子「啪」的一聲，擲在桌上，指着稿子說：

「這樣的行貨，怎能值三百元（千字）！」

我默默地看着他的舉動。

「不可能！」他帶着怒氣提起筆，減了胡志偉的稿費。隨即把稿費單推到我面前。

我只是望着稿費單，沒有接下。心裏不停的轉着；如果我接了，等於默認了他有權任意刪減作家的稿費。從此以後會讓人覺得我只是個小編輯，人微言輕，再也談不上如何維護作家的權益。面對如此不講理的上司，實在不該沉默，應該為受損失的作家發聲。

「你不能減胡志偉的稿費！」我說。

「為什麼不能！」他扳直腰，靠着椅背，瞪着我。

此刻，我心平氣和，也直望着他。說：

「稿費是梁儒盛先生與這位作家講定的，他必定認為此作家的水準值這個價錢，才代表《華僑日報》與他簽這合約。現在，你未得到這作家同意，減他的稿費，等於你在毀約。如果這位作家將這件事宣揚出去，外界會認為《華僑日報》無誠信，而你現在正正就是破壞《華僑日報》信譽的人，今後在外面講的話，再沒有人相信。這樣，會增加大家在外工作的困難！」

回心轉意

我說這幾句話，只是衝口而出，非經深思熟慮，完全沒有顧慮到後果，潘朝彥也沒有即時作出反應。我也一直望着他，初時他有些激動，但很快恢復平靜，只是默默地、疑惑地望着我。

片刻後，他拿起筆，溫和地說：「好吧，我們這個月照發三百元。」他一邊說一邊把稿費單改正，拿起來，交給我，並鄭重地說：「你告訴他，從下個月起，改為兩百元（千字）：如果他不同意，你另約作家代替他！」

這次事件可以說問題複雜，也可以說是很簡單；這完全取決於他持什麼態度。現在他能正視我這番不經意說出的話，毅然取消剛才的決定，使問題即時化解，展示了他作為一個領導人應有的風度。

我的話能有這麼強力的效果，也完全超乎我意料；還不止此，更令人難以置信的效果陸續有來。

134 加薪

作家稿費的爭論，這麼輕易和諧地解決，真有些意料之外。但更令我覺得難以想像的是，第二天我遲了返回報館，下午六時左右，正忙於發稿，沒有留意到潘朝彥。他正趕着離去，卻走到我辦公桌來，叫我一聲：

「譚秀牧！」

我抬起頭來，望望他：「潘先生，有什麼事？」

我見他拿着一張紙。

「我從今日起，調整你的薪水，」他說。

接着，他把那片紙放到我面前，問我：「你看，這數目有什麼意見嗎？」

我冷不防他此一着，即時呆了一下，不知如何回答。

我看着他寫的銀碼：一一、〇〇〇

我原來的薪水是七千元，即是說增加四千元。

「謝謝——潘先生！」

除了這麼說，我當時實在難以說什麼。

去意未消

忽然獲加薪，照理應該很高興，但我當時並不如此想；工作是去是留，仍在盤算着，作出選擇只是時間問題。潘朝彥給我加薪，是月初的第一天，沒有理由即刻辭職，要到月底才能決定。

這樣，也可讓我有一個月的時間，觀察他對我的態度是否有所改變。若果仍然在工作上一如既往，無理的挑剔，到時唯有走為上着。以前何老總跟我談薪水問題，我說：「薪水多少不是問題，最緊要是工作是否開心。」

這是我工作的原則；見工，我從不問——或討論多少薪金。現在我仍如此來考慮去留問題。

136 新職

有一天，潘朝彥回來，即傳我到他辦公室。

「請坐！」他一邊招呼我坐下，一邊翻動幾下《香港年鑑》，接着推在一邊，問我：「你現在文化版發稿的情況怎樣？」

「基本上發隔日稿；即是：今日發了稿，明日校大版，後日見報。」

他聽了之後，稍停一下，然後說：「你發完今日稿，不用再發；我把文化版交給周蜜蜜編。」

接着，他再把《香港年鑑》拿過去，隨便掀動幾下，合上，然後說：《香港年鑑》是香港唯一由民間出版的年鑑，而且歷史悠久，數十年不間斷。因此值得我們將這本書改善，使之更能適應香港情勢的發展，更能適合各界的需求。你看，怎可以這樣年年如是；需要改革，我交給你——你任《香港年鑑》總編輯。」

我完全想不到他作此安排，不知道怎樣回應，隨便問：「幾時開始？」

「等阿龔回來，我叫他把資料交給你。」

阿龔——龔什麼？這位同事真有點神祕，認識他的人不多。據說他編《香港年鑑》有兩三年，他的工作位就在我的斜對面；然而，我只見過他一兩次，間中也只見他的女助手在位幾次，不知他們何時上班下班。有一天，我提早回到報館，發了一些稿，預備外出，他剛好回來，跟我打招呼，接着自我介紹：「我叫龔正光（？），編《香港年鑑》。」我不能肯定他的名字，因為他的聲音低，有點模糊不清，可能有誤。但奇怪，潘朝彥習慣以全名叫喚同事，為何只稱阿龔而不叫其全名？

告別文化版

周蜜蜜在寫作和編輯資歷方面，都是我的前輩。潘朝彥將文化版交給她編，是適當人選。

我把資料交給周蜜蜜後，九年的文化編輯工作，告一段落。回顧歷程，深切感受到各界文化工作者們對文化版的愛護和支持，也讓我分享他們辛勤工作的成果；在人生經驗或文化知識各方面，都令我深深受益，是我人生中最寶貴的經歷。

在那九年中的每一日，文化版基本上都能反映香港的文化活動，也達到我心目中的「華僑文化」，應該能切實地為香港文化界服務的目的。

作為編輯，我認為文化版不止是作為報紙的一個特刊，但也不是說教工具。其任務不僅是新聞報導的一部分，也不僅為提供文化活動訊息；應該在資訊處理上，俱有推廣和提升讀者的參與興趣和觀賞素養。

文化版能保持固定半版篇幅見報，完全是由於文藝界朋友們的支持。他們提供作品或資料，有各類風格的繪畫、攝影、散文或知識性作品，使版面保持趣味和一定的可讀性。

謹此，向各位致衷心感謝！

等候阿龔

這次人事的變動，大概早已決定；潘朝彥告訴我調職的安排後，次日我上班時，新職銜名片已印好，放在我的桌上。下午我預備出外，潘朝彥回來，走到我旁邊，問：「你的新名片，見到未？」

「收到了。」我答着，一邊拿出來，給他看。他拿起來，看了片刻，然後交回給我，隨口問：「你有什麼意見嗎？」

「印得很好！」

「我本來要阿龔今日下午回來，把年鑑資料交代給你，但我一直未能聯絡他。」他似乎有些不滿。突然反問我：「你知道他的電話嗎？」

「不知道，」我回答：「我只見過他一兩次，打過招呼而已。」

他也不能肯定何時找到阿龔；因為阿龔似乎不在香港，住在深圳。

「只好再等等。」潘朝彥無奈地說。

阿龔的抉擇

兩天後，潘朝彥終於聯絡上阿龔，帶他見我；對他說：「譚秀牧先生是《香港年鑑》總編輯；你把所有資料交給譚先生，你幫譚先生手。」

當日潘朝彥告訴我有關職位的調動，並未說及這樣的安排；現在他突然的宣示，我相信阿龔和我同樣感到錯愕。當日我以為阿龔可能調到港聞部，但如今這樣的安排，他可能難以接受。

對我來說，我完全不了解年鑑是什麼樣的刊物：幾寸厚，逾千頁，工作量如何。不過，我明白我的職責是每年轉換新資料，在工作性質上沒有太大變化，都是編輯工作。

阿龔則不這麼想。他可能錯覺，以為這樣的安排，是改變了他的身份；他可能以為他現在是總編輯。其實，《香港年鑑》的總編輯可能一直都是吳國基（兼編；他實在太忙，難以兼顧編排、校對，出版等雜務，才請阿龔做這部分工作。現在，阿龔如果不作那麼樣想，接受這次安排，我們合作，他的工作完全沒有改變，只是合作的伙伴是我，不再是吳國基。

或者，他完全不是我所猜想的那麼樣。

聽了潘朝彥的安排，阿龔頗有措手不及的樣子，呆了一陣子，然後勉強點點頭。離去了。第二天，他並沒有回報館；再過一天，潘朝彥回來，經過我旁邊，停下來，對我說：「譚秀牧，阿龔辭了職——我看看哪位同事，暫時可以抽些時間幫你手。」

140 阿龔告狀

阿龔辭職後，大概一個月，這天潘朝彥回到報館，匆忙地經過我旁邊，沒有停步，一邊說，一邊示意我到他辦公室：「譚秀牧，你跟我來……」

他坐下，也叫我坐下；少見他神態這般嚴肅。

「阿龔控告《華僑日報》。」他說。

「為什麼？」我問。

「理由是，……」他停下。拿起一份文件，看了一下，繼續說：「他說《華僑日報》欠他幾個月年尾雙糧和獎金。」

「你的意思——怎樣應付？」我問。

其實當時我不知如何回答。因為這與我毫無關係。

「他沒有聘律師代表他出庭，因此我們也不聘律師。」他稍停一下，望着我說：「我現在派你代表《華僑日報》出庭辯護。」

我感到很意外，連忙拒絕：「派我代表？……我不適合吧。」

「你當然最適合，報館除了你，誰更適合？」他強調地說。

相處了這一段日子，我體會到他的性格，他決定了的事情，不輕易改變主意，唯有接受這項任務。

「到那天，《南華早報》將派一位同事陪同你出庭。」

我以為他已講完了，正欲離開，他叫我再坐下，繼續說：「我們要做好準備。」

「你的意思是，要我準備些什麼？」

「上一次，華僑遣散員工時，你有收到通知書嗎？」

我點點頭。

「你有保留着嗎？」他着意地問。

「我不能肯定，我找尋看看。」

「最好能找到。」他說，「還有——《南華早報》發的聘書，這份文件會是重要證物。」

「或者保存着。」

「每月發薪水時，銀行的通知單，也預備一份。」他說完，隨即拿張紙寫下交給我，恐怕我有錯失。

我臨離開，才想起，問：「最遲什麼時候要？」

「還有兩星期開審，盡快給我。」

法庭上

開審當天，我們於上午九時半到達西灣河的法院。按照指示，阿龔在左邊的原告席上，我則在右邊的被告席。《南華早報》的同事坐在我後面的旁聽席上。

十時正，法官進庭，書記高呼：「起立！」

法官就座。書記宣告：「請坐！」

我們坐下，法官翻檢了一下文件，隨即問阿龔：「龔光正先生，你在《華僑日報》做了多久？」

「三年幾。」阿龔答，「將近四年。」

「你見工時，除了人工，你有沒有問老闆，年尾有沒有雙糧？」

「沒有問。」阿龔想了想才答。

「沒有講過。」

「老闆有沒有講過，除了人工，有沒有雙糧？」

「你的人工，是每月領取一次嗎？」法官問。

「是。」

「是老闆發給你嗎？」

「不是。」

「是誰發給你？」

阿龔想一下，然後答：「每到月尾，我到潘先生那裏領取。」

「潘先生是什麼人？」法官問。

「他可能是出納員。」阿龔說，「每次他讓我在一本簿上簽名後，即給我支票。」

「那本簿，除了你，還有沒有其他人名？」

「有。」阿龔答。

「那些人名，你認識那些人嗎？」

「不認識。」

「你完全不認識，還是認識一兩個？」

阿龔搖搖頭：「全不認識。」

問到這裏，停頓下來；法官寫下什麼，然後繼續：「你在報館做什麼工作？」

「編輯。」阿龔特別強調地講清楚：「編《香港年鑑》。」

法官有些不明白，問：「即是——不是《華僑日報》任何一版？」

阿龔似乎不明白法官的意思，想了片刻，沒有正面回答，只是重複的說：「我是《香港年鑑》編輯。」

法官也看出他不明白問題，引導他回答：「即是說——不是每日出版的報紙刊物，而是每年出版一次的刊物？」

阿龔有些釋然，點點頭，「是的，每年出版一本。」

「《華僑日報》停刊，遣散員工，你有收到遣散通知書嗎？」

「無。」

「你有收到遣散費？」

阿龔搖搖頭：「無。」

「新公司接管《華僑日報》，你有收到新公司的聘書嗎？」

「無。」阿龔無精打彩的說。

至此，對阿龔的問話完畢，法官轉向問我。

142 阿龔敗訴

法官轉過來，望着我，說：「譚錦超先生，龔光正先生控告《華僑日報》，索賠雙糧及獎金；你代表《華僑日報》答辯？」

「是。」

「誰委派你作代表？」

「潘朝彥先生。」

「他做什麼職位？」

「他是《華僑日報》總編輯。」

「你今日在本法庭講的話，會成為證據——有法律責任，你明白嗎？」法官注視着我。

「我明白。」

「你什麼時候到《華僑日報》工作？」

「一九八五年。」

「你當初是什麼職位？」

「編輯。」

「是編報紙嗎？」

「是。」

法官頓一頓，才繼續問：「直到現在為止，都是報紙編輯——職位都沒有改變嗎？」

「直到最近才有改變。」

「怎樣改變?」

「一半改了,一半照舊。」

法官猶疑一下,問:「你這是什麼意思?」

「我原本編兩版報紙,其中一版華僑文化,我從開始在《華僑日報》工作,都是編這一版。直到上月,潘朝彥先生告訴我,報館聘請了一位新同事,他把華僑文化交給她編,把我調任《香港年鑑》總編輯。」

「即是說,你現在是一個職位,兩份工作?」

我想了想:這個問題,可有特別含意?

「可以說是;因為編報紙與編年鑑是完全不同性質。」

「那麼,你是領取兩份薪水?」

「不是。因為在報館裏,一個職位不等於只做一種工作。」

「即是說,編報紙與編年鑑,都只是一種工作?」

「是。」

「你是怎樣領取薪水？」

「我上工時，填寫的一份表格，有一項是填寫我的銀行戶口；每月尾，我會收到銀行的通知書，證明《華僑日報》已將該月的薪水，轉帳存入我的戶口——呈上的文件中，有一封銀行的通知書，請參閱。」

法官翻閱了一下文件，續問：「《華僑日報》結業，遣散員工，你有收到遣散通知書嗎？」

「有。——在呈上的文件中有一份副本，請參閱。」

「《南華早報》接管《華僑日報》，你有收到聘書嗎？」

「有。——呈交的文件中有一份副本，請參閱。」

法官看了一下，拿起筆，寫了什麼；放下筆，轉向阿龔，問：「龔正光先生，你是在調職之前辭職，或是調職之後辭職？」

「調職之後。」阿龔答。

「龔光正先生，你願意與《華僑日報》和解嗎？」

「不願意！」阿龔大聲的回答。

法官以規勸的語氣說：「龔光正先生，你最好能夠與《華僑日報》和解，……你可以有兩個星期時間考慮。」

審訊至此結束。

兩個星期後再開庭；法官就坐後，隨即問阿龔：「龔光正先生，你願意與《華僑日報》和解嗎？」

「不願意！」阿龔高聲的回答。

至此，法官似寫下什麼；放下筆，隨即宣判：

「本案——龔光正先生呈請本法庭，向《華僑日報》追討年終雙薪及獎金；本席對於龔光正先生的訴求，沒有什麼能夠給予幫助。」

法官宣判完畢，站起來，法庭書記隨即高呼：「起立！」

法官轉身，離座；書記接着響亮地宣佈：

「退——堂！」

潘朝彥橫禍當頭

我請假兩星期，往美國探望兒女。回港後，照常於下午返報館，感到氣氛有些不同；已上班的同事，埋首工作，不像往日那麼輕鬆。不久，編評論版的陳華超回來；他與我同一組辦公桌，他告訴我：潘朝彥在國內因交通意外傷重不治。

據說，潘朝彥是參加新聞界一個旅行團，前往國內訪問；回程從南京往上海，他們的車將近抵達上海時，在一路口停下，等待綠燈。此時旁邊的大貨車忽然爆胎，整部車子傾斜，隨即倒下，直往潘朝彥的頭頂上壓下。他當即傷重命危，被送往上海的醫院搶救了兩三日，終於不治。

這是一九九三年六月二十九日前後的事。

多年後，有一次與韓中旋茶敘，他提起這回事，感慨地說：「其實，當日遭殃的，應該是我……」

我愕然，以為他講笑。

「當天從南京出發往上海，我就是坐潘朝彥出事的座位。因為我須趕返香港，中途下車；潘朝彥從後面過來，坐上我原來的位置——就這麼巧合，我避過了劫難。」他慨嘆一聲，「這是不是冥冥中註定？」

《華僑日報》再易手

潘朝彥改革《華僑日報》，未竟全功，遽爾而逝，對《華僑日報》是重大打擊。在頗長的時間中，《南華早報》一直未能派新的領導，填補潘朝彥的位置；驟然間，群龍無首，但未致影響報紙編輯、出版的運作。這有賴於原來的工作人員，在前景不明的情況下，仍然盡力而為。

這樣的日子，持續了大半年；到了年底（一九九三年十二月十五日），終於接到《南華早報》的通知：

……本公司將於一九九四年一月十五日起將《華僑日報》出版業務轉讓予 Goldbase Holdings Limited 繼續經營。

新公司同意重新僱用現有員工。

本公司現按照勞工法例，以一個月前的書面通知閣下的工作合約於一九九四年一月十四日終止。閣下工作如已滿兩年，本公司將給予遣散費。

……

事前毫無聲息，所以覺得有些突然，但卻是意料中的事；因為這是必須解決的問題。

與此同時，收到新公司的聘書。

朝令夕改

新公司的聘書，初讀沒有什麼特別。都像一般公函：

敬啟者：

Goldbase Holdings Limited 將由一九九四年一月十五日起接辦《華僑日報》，原有員工經三個月試用期滿後，可獲留任，期間原薪金不變。

閣下如有查詢，敬請與香樹輝先生聯絡。

……

但看到「原有員工經三個月試用期滿後，可獲留任」，不禁停下想一想；《南華早報》接管時，員工似無須試用三個月，然後才決定是否留任。

不過，第二天即收到新的指示：

敬啟者

Goldbase Holdings Limited 將由一九九四年一月十五日起接辦《華僑日報》，原有員工毋須試用期皆獲留任，期間原薪金不變。閣下如同意留任，敬請簽署本信副本並盡早交回本人。

至於十二月十三日所發出之通告無效，並以今日所發之出之通告為準。

……………………

如果說有「朝令夕改」這回事，這大概可算典型了。

儀式簡單富親切感

一九九四年一月十五日，原本晚間八時才上班的同事們，都提早回來了。下午六時左右，大家齊集在編輯部，等待與新公司的領導者見面。除了已見於接管《華僑日報》的通知書及聘書上署名的香樹輝之外，不知還有些什麼人。數年前《南華早報》入主《華僑日報》，當天舉行的儀式，記憶猶新；但今日卻毫無動靜，全不見有些什麼特別安排。

終於，在掌聲中，香樹輝帶領着兩位同事進來；他先介紹陸錦榮——總編輯，另一位是馬龍（似乎沒有介紹他的職銜，可能我沒留意，或忘記了）。總之，新公司的領導層，就是這三人組，與當年《南華早報》相比，真有些人丁單薄之感。

香樹輝予人第一個印象，覺得他很隨和，沒有高高在上的架子。陸錦榮則不是誇誇其談、只是踏實工作的那種人。

香樹輝先介紹他們樂於接管《華僑日報》的原因：他說：「以一千萬元，能夠買下一家這麼歷史悠久的報紙，真是十分抵買！」

另方面，對於《華僑》未來的經濟前景，他很樂觀；他長期在財經界工作，應該是個數口專家。他認為《華僑日報》長期以來，都是官方指定刊登法律性廣告的報紙，長期擁有一批固定的廣告客戶。而他本人長期服務於財經界，特別是與銀行界及許多大公司保持着良好關係，他們每年結算時都會發表年報，並會在一些報章刊登全版廣告。所以憑他與財經界的友好關係，會有所幫助。

接着，陸錦榮講話，他只講了幾句；其中的一句，足以令人印象難忘：

「我沒有班底嘅！」

147 新副刊

管理公司改變，我的工作實際上沒有變；因為《香港年鑑》的編輯工作是連續性的。原來兼編的副刊，雖然停止了，但第二天，老總陸錦榮把副刊交給我；改換了作家，面目自然一新。

第一批稿件他們已約定，我只是負責發稿而已；其間我可以行使編輯權，決定稿件是否可以刊登，以及更換不合要求的作家。

「第一批稿件，馬龍將交給你。」

陸錦榮至此，交了副刊給我；我只等待接收稿件，不理會是誰負責約稿。

每位作家雖只先來三四篇作品，已可預見他的寫作方向；後續的作品，水準和品味如何，都在首批來稿中預見到。

香樹輝寫財經界的見聞，深信是他的經驗之談。另一位作家寫如何以孫子兵法的謀略運用在經商方面，對於經商和投資的人士，有參考價值，都是引人入勝之作。

副刊文章，雖不是說教工具；但作家執筆時，有責任順應整份報紙的格調，不應隨意罵這罵那；以為有小片篇幅，就可為所欲為。但有些作者，正是這樣。

我想：一個報紙副刊，如何單靠一兩篇好作品吸引讀者？

有這樣的作家

不知道這一群作家，除了上文提及的一兩位之外，其他的是否初出道？不然，不可能不知道：寫專欄，應該遵守一些不成文的行規。最起碼的要求是依時交稿，但這些作家們，大半要我天天追交稿；當中那位張女士，臨近截稿時間，打給她的電話，總是無人接應。及至找到了，傳來的稿子，有時因為摺了角，覆蓋了一些內文，再致電，已不知去向。

後來，我因為要兼編一版港聞，難以不停的追稿。有一天，我表明截稿前不見來稿，只當「續稿未到」處理。這位女士竟然說：「譚先生，你昨天沒有提我今日要交稿呀！」

這樣的作家，可以想像她寫的作品是什麼樣的。

有位作家，覺得這個世界什麼也不順眼，總是批這樣評那樣；比如有間食店，其裝修設計，色彩大紅大綠，對比強烈，也招致作家批評：「低俗。」有俗語說：各花入各眼！個人的觀點，未必為大眾認同，那豈不是個人的偏見？

另兩位作家，或許兩人平日積怨難消，帶到這片園地上；因一些小事，互相攻擊，聲稱要在法庭見。

我讀過的報紙副刊雖不多，但未見過如此的：作家自以為是，囂張狂妄、唯我獨尊。

最主要的責任，應該是負責約稿的人，因為他最了解什麼樣的作家，才適合為報紙寫專欄，並不是隨便請任何朋友，都能勝任；現在出現的情況，卻正是如此。

我是編者，但不熟識這些作家，面對這問題，也相當為難；報館把副刊交給我，我就有責任改正這種情況。當時能做的，有兩項抉擇：以放任的態度為之，任由他們自把自為，不干涉他們的言談，工作得過且過；另外是堅持自己的處事原則，對過火的內容予以規範。

我決定按照自己的原則處理問題。能夠做的，就是改換作家；雖有這樣的權力，但這是知易行難。唯有從稿件的內容入手：如此，終於導致一場抽稿風波發生。

黃仁逵請馬龍撐腰

我處理來稿的原則是：任何事物都可以批評，但要理據充足，令人看完覺得：抵罵！

有時，作家批評的對象，我未必贊同；但他的理據充分，可以令人從另一角度，看到事物的另一個負面。如上文那位作家批評某食店的裝修設計低俗，他有不同的理據，可令持有同樣審美觀念的讀者有同感。

否則，文理空洞，變成無原則的漫罵，欠缺說服力；我看黃仁逵的作品，普遍存在這樣的缺點。他有一篇罵中國大陸的作品，我無法刊登。因為無他的存稿，他僅提供當天的稿件，我通知他另傳一篇來，但他堅持一定要刊登那篇，否則，他將停止供稿。我只好讓他脫稿一天；他寫信來：如我不刊登，他就不再來稿。

我把那篇稿拿給陸錦榮，告訴他：我決定抽掉這篇稿！他看完，說：「這篇作品實在不適宜刊登。」

因為黃仁逵不再來稿，我只好抽掉他的專欄，將篇幅改為接受公開來稿。

黃仁逵停止來稿，我取消他的專欄，彼此無拖欠，事件本來已解決。奈何他似乎不甘放棄這片篇幅，請馬龍來撐腰，以為由他出面施加壓力，就可達到目的，因而發生馬龍干涉「編輯自主」的風波。

馬龍為友強出頭

黃仁逵的專欄被取消後，第二天早上，我剛返回編輯部，正預備工作，馬龍接着也回來，這是非常罕有的事，因為我從未在編輯部見過他。他氣沖沖的直向我走過來，隨手拉張椅子，面對我坐下；兩手撐在膝上，氣喘喘地瞪着我，說：「譚秀牧！」

我點點頭：「什麼事？」

「你抽掉黃仁逵的稿呀？」

我點點頭，望着他。

「他的稿，你不能抽！」

我不作聲，只是望着他，讓他說。

「黃仁逵是我的朋友，他的稿，你一個字也不能改！」

說完，站起來，轉身就走。

當時我想：是否反駁他？心中迅速閃過一個念頭：記起甘豐穗曾說過：「做人不要做到太過，還是厚道些好！」

如果我拿當日陸錦榮把副刊交給我，並非常清楚的給我處理稿件的權力，拿來與馬龍對質，恐怕他很難落台。所以，還是讓他意氣風發一番，為友出頭算了。

151 挑戰老總？

編輯工作，其實也很平常，沒有什麼了不起；但他要向讀者和報紙負責，不容有錯，所以才會享有獨立的自主權，除了報紙的管理層，不容閒雜人等的干預。否則，出了問題，誰人負責？另一方面，編輯若不受規範，出了事，甚至可以影響報紙的存亡。

前輩甘豐穗常提醒我，處理稿件要非常小心，特別是相識的作者。他曾告訴我一個例子：有位編輯，曾在他編的一個版上，刊登一篇專欄文章，批評地產商，指責他們貪婪，並叫人不要購買地產股票。那年代，正是地產市道最興旺，凡有樓盤開售，顧客就在地產公司排長龍。而地產公司推銷樓盤的滿版廣告，天天充塞着全港幾十份報紙；但因地產商杯葛，唯獨該報從此再無地產廣告出現。

今次，馬龍為黃仁逵抱不平，對我的指責，是直接干預編輯的自主；尤其是那句，他的朋友的稿，「一個字也不能改。」這簡直是倒報館的米。

其實，馬龍可能不知道，干預我的工作，實際上是挑戰老總的權力；因為我的權力是來自老總，當日把副刊交給我，他說：「譚秀牧先生，我把副刊給你編，由你負責；不合用的稿，你可以抽掉，不合用的作者，你可以更換。總之，一切由你全權處理。」

152《華僑日報》停刊

為了不讓此類問題再發生，唯有把馬龍的事件交給陸錦榮處理。

此後，就再沒有見過馬龍。直至幾個月後，一天早上，我才睡下不久，電話響；當時忽然有預感：報館可能出了問題。

因為我兼編一版港聞，凌晨一時截稿，看完大版，回家已近凌晨兩時半。所以朋友們都知道我的作息時間，不會在這段時間打電話給我；更重要的是，近月來，香樹輝的專欄時常脫稿。

我接聽電話，果然是馬龍：「譚秀牧，」馬龍說：「香樹輝先生決定：《華僑日報》今日起停刊，請你返來取回你的私人物件。」

這天是一九九五年一月十二日。

七十載歷程到終點

我在下午才回報館。

保安員一如平日，仍守在只有微弱燈光的編輯部門外；他為我開了門，亮了燈，說：「其他人一早就回來，執拾東西走了。」

「我差不多十點鐘才得到通知。」我說着，走回坐位，沒有立即坐下，放眼巡視冷清的編輯部，一組組的桌面散落着紙張，有些抽屜也沒關上。

我坐下，有些茫然。

接着，連續的電話，都是作家們關切的查詢他們稿費的着落。

「沒問題，放心，一兩天內你就收到。」我回答。心中也不免有些懷疑：沒有任何一位報館的負責人，出來交代善後的事，恍似宣佈報紙停刊，一切也就此完了；稿費，該誰人負責處理？

我很快就執拾好自己的物品，是否像其他同事，一走了之？我絕對可以；如果決定這麼辦，作家們也不致於收不到稿費，不過就要經一番周折。

猶疑了一會，想到他們當中有些是朋友，其他的雖不相識，但自己也曾經以煮字過日子，深知一筆稿費對生活的重要。因此，我決定留下，清理稿費。

足足花了一個工作日，列好稿費單，交給《南華早報》，回到工作位，拿起物件，預備關上抽屜。看到那些稿件，我忽然又想到：作家們的心血，若我不理，就成為垃圾；退還給作家，還可以拿給他報發表。

我離開，保安員問：「還有東西嗎？」

「沒有，」我說：「不過，我明日還要回來。」

他笑着說：「只有你這麼盡責。有誰不是拍拍屁股，走了就算，還返來執手尾。」

「因為關係到朋友們的生活，」我說：「他們開心早日收到稿費，我也為他們開心。」

第二天，我再返回報館，工作了半天，清理所有稿件，交給《南華早報》，請他們寄回給作家，正式結束了所有工作。走到門口，轉身再回望平日幾十人工作的整個編輯部，燈光依然明亮，卻毫無聲息，忽然有置身非人間的感覺。

「帶齊東西了嗎？」保安員問。

我才猛然醒悟過來：「沒有了。」

「要去再看清楚嗎？」

「不用了。」我答。

「那麼——」他似提醒我，「我鎖門啦？」

我沒有回答，僅示意地點點頭。看着他熄了燈，慢慢鎖上門；就在這一瞬間，我看到這份香港最長命的中文報紙，就此跨越門檻，進入永恆的歷史。而陪伴他走到其七十載歷程的終點，我是唯一的一位員工！

後記

《我的回顧》於 Facebook 我的網頁上刊登，當時隨寫隨發，沒有完整的寫作計劃，因此也沒有預留底稿。

非常感謝初文出版社黎漢傑社長，他從網頁上編輯、整理零碎的篇章成實體書，並安排一切出版事宜。

另外，感謝香港藝術展局，資助本書的全部出版經費。

譚秀牧

二〇二四年十二月五日於康蘭居

本創文學 107

我的回顧

作　　者：譚秀牧
編　　者：黎漢傑
責任編輯：黎漢傑
封面設計：Zoe Hong
內文排版：陳先英
法律顧問：陳煦堂 律師

出　　版：初文出版社有限公司
電郵：manuscriptpublish@gmail.com

印　　刷：陽光印刷製本廠

發　　行：香港聯合書刊物流有限公司
香港新界荃灣德士古道220-248號
荃灣工業中心16樓
電話：(852) 2150-2100　傳真：(852) 2407-3062

海外總經銷：貿騰發賣股份有限公司
電話：886-2-82275988　傳真：886-2-82275989
網址：www.namode.com

版　　次：2025年2月初版
國際書號：978-988-70535-9-0
定　　價：港幣118元　新臺幣440元

Published and printed in Hong Kong

香港印刷及出版

香港藝術發展局

Hong Kong Arts Development Council 資助

香港藝術發展局全力支持藝術表達自由，
本計劃內容並不反映本局意見。